Alles mit’m Mund

ECON Rock & Pop

»Alles mit'm Mund« – hinter dem Titel des Prinzen-Albums steckt nicht nur Gesangs-Leidenschaft, sondern auch die Liebe zum Essen. Dieses Buch enthüllt auf geschmackvolle Weise kulinarische Geheimnisse der fünf Berühmtheiten, blickt hinter Tournee- und andere Kulissen. Dazu hagelt's Rezepte, die nicht nur Pop-Monarchen das Wasser im Munde zusammenlaufen lassen.

Mark Daniel, Jahrgang 1967, arbeitet als Kultur-Redakteur bei der Leipziger Volkszeitung. Ißt lieber das, was er nicht selbst gekocht hat, und hält es mit dem Prinzen-Song *Es geht immer weiter*: »Ich will noch soviel machen, ich muß noch soviel seh'n …«

Jürgen »Rauschi« Retiet, Jahrgang 1952, war Elektriker, Heimerzieher, Radiomoderator und ist heute Tourbegleiter der Prinzen. Kocht oft nicht nur vor Wut, sondern aus Leidenschaft. Inzwischen selbständig als Kommunikationsfachmann bei »East Tools Media« in Leipzig.

Jürgen Retiet und Mark Daniel

Alles mit'm Mund

Das Prinzen-Buch für
königliche Gaumenfreu(n)de

ECON Taschenbuch Verlag

Fotos von Catrin »Lola« Rackow, Mark Daniel, Jürgen Retiet u. a. sowie aus den Familienalben der Prinzen-Eltern. Königlichen Dank an alle, die uns unterstützt haben.

Veröffentlicht im ECON Taschenbuch Verlag
Originalausgabe

Umschlaggestaltung: DYADEsign, Düsseldorf
Titelabbildung und Autogrammkarte: Mit freundlicher Genehmigung der HANSA MUSIK PRODUKTION GMBH
Karikaturen: Barbara Scholz
Lektorat: Olga Tselepi
Gesetzt aus der Sabon und Dolores
Satz: ECON Verlag
Druck und Bindearbeiten: Ebner Ulm
Printed in Germany
ISBN 3-612-12022-0

Inhalt

Vorwort

Da haben wir den Salat: Die Prinzen wollen uns zum Kochen bringen. Diesmal nicht via Tonträger, nicht per Live-Konzert – nein, jetzt lockt der poppigste Männergesangverein des Landes auch noch von der Schall- an die Herdplatte.

In Zeiten, wo Kanzlergattin Hannelore kulinarische Tips unters Volk wirft, wo Talkmaster Alfred Biolek seine Kochkünste druckreifen läßt – muß es da sein, daß die Leipziger Musikmonarchen ihren Rezepte-Senf auch noch zum Bundes-Menü dazugeben?

Die Antwort ist so bestimmt wie das unerbittliche Pfeifen eines Teekessels: ja! Denn dieses (Koch-)Buch gleicht nicht wie ein abgeschrecktes Ei dem anderen. Es bietet exklusive Zutaten: So verrät es lukullische Vorlieben von Sebastian Krumbiegel, Tobias Künzel, Wolfgang Lenk, Jens Sembdner & Henri Schmidt. Dazu gibt's unterhaltsam-leckere Einblicke in prinzliche Kochnischen, in die Tournee-Speisekarte, auf die Kantinentische der Stars in ihren Vor-Zeiten als Chorsänger.

Also: »Alles mit'm Mund« steht nicht nur für die Prinzen-CD und die dazugehörige Konzertreise. Als würziges Filetstück zwischen ungezählten, dröge verfaßten Koch-Bibeln lockt es junges wie gereiftes Gemüse.

Auf gute Köchel- und Mahl-Zeiten …
Prost! Nasdarowje! Skol! Cheers! A votre santé!

Die Prinzen und das Essen

Sebastian

Was bedeutet dir Essen?

Eine Lust, eine Droge! Außerdem sollte Essen etwas mit Kultur zu tun haben – deshalb stehe ich auch so auf Mc Donald's! Ganz wichtig: Es sollten möglichst viele Kalorien drin sein, damit man nicht zu dünn wird. (Warnung für den Leser: Sebastian hat bei dieser Äußerung verschmitzt gegrinst – allerhöchstwahrscheinlich hat er sie nicht ernst gemeint.) Vor unserem Durchbruch sind wir ja für 'n Appel und 'n Ei aufgetreten. Ich hatte so wenig Kohle, um Essen zu kaufen, daß ich richtig froh war, wenn's bei den Gigs etwas auf den Teller gab. Manchmal habe ich auch den Kühlschrank meiner Eltern geplündert.

Was ißt du besonders gern?

Alle möglichen ausländischen Spezereien. Ich bin ein großer Freund von Sushi, dieser wunderbaren toten Fische japanischer Zubereitung. Original mit Stäbchen, ohne daß was runterbröselt! Die Liebe zum asiatischen Essen kam durch eine große Fernost-Reise zustande – das war traumhaft. Bis auf den Durchfall, den wir bei diesem Urlaub bekommen haben.

Zu Hause koche ich gern selbst, am liebsten Nudel-Aufläufe.

Was magst du überhaupt nicht?

Innereien, Magen und Nieren. Höchstens Leber lasse ich durchgehen.

Was gibt's bei dir auf Parties?

Meistens ein Buffet. Eine schöne große Käseplatte, Fisch, Wurst und Brot. Das macht nicht soviel Arbeit und ist auch für die Gäste angenehm. Und stilvoll sollten die Parties auch abgehen. Wie sagen die Russen doch so schön: »Trinken ohne Trinkspruch ist saufen, trinken mit Trinkspruch ist Kultur.«

Stell dir vor, du gibst für Michael Jackson eine Party. Was würdest du ihm vor die Nase setzen?

Ob der zu mir kommen würde? Wenn, dann halte ich's mit unserem Drummer Ali: Es gäbe Kinder-Überraschung.

Welchen Drink würdest du mit in die Badewanne nehmen?

Nix. Höchstens 'ne Zigarette. Ich warte ja sehnsüchtig auf die Erfindung der wasserdichten Zigarette.

Deine Lieblingsrestaurants?

Leider gibt's in Leipzig wenige japanische Restaurants, aber da gehe ich nun mal am liebsten hin. Eigentlich bin ich für alles zu haben, ich genieße Speisen beim Italiener oder beim Griechen. In Asien waren wir mal in irgendeinem Restaurant und bestellten etwas, das wir als Peking-Ente kennen. Da galt es allerdings als Spezialität, uns nur die knusprige Haut zu servieren; der Rest blieb liegen. Aus Frust sind wir dann zu Burger King gegangen.

Dein Verhältnis zum vielgeschmähten Fast food?

Wie gesagt: Ab und zu ess' ich sowas wahnsinnig gern. Die besten Burger gibt's aber in den USA. Schade, daß man hier nicht mehr den McHero kriegt. Ist natürlich kein Wunder, Henry Maske hat ja seinen letzten Boxkampf vergeigt.

Was bevorzugst du an Autobahnraststätten?

Das ist meistens ziemlich eklig und teuer. Ich zwinge mir das rein, was da gerade angeboten wird.

Hast du schon mal Diät gemacht?

Fitneß mache ich höchstens vor Tourneen, um gazellenhaft über die Bühne springen zu können. Immerhin esse ich kaum noch Süßigkeiten – ich zwinge mich dazu. Sporttreiben tu' ich unregelmäßig, Joggen ist bei mir auch out, aber immerhin spiele ich oft Schach!

Von wem würdest du dich auf keinen Fall zum Essen einladen lassen?

Grundsätzlich erstmal von jedem. Beim Essen unter vier Augen kann man sich ganz gut kennenlernen.

Mit wem würdest du besonders gern mal essen gehen?

Mit Boris Becker, den finde ich kultig. Karl Lagerfeld käme bei mir auch in die engere Wahl.

Von der nicht zu unterschätzenden Kunst, ein Spiegelei

"à la KRUMBIEGEL" zu braten:

THEORIE: Was war zuerst da – das Huhn oder das Spiegelei, was ist dran am legendären "Spiegelei des Kolumbus", und warum eigentlich Spiegelei und nicht Stern-, Bunte- oder Focusei? Diese Fragen kann nur der Erfinder des Rezeptes beantworten – will er aber nicht.

PRAXIS: In einer offenen Pfanne wird bei maximaler Hitze eine Scheibe Schwarzbrot in Butter knusprig-lecker-goldbraun angebrutzelt.
Brot raus – Butter neu rein – Ei rein (ohne Schale) – eine Scheibe Schmelzkäse drüber. Deckel drauf, entspannen...
Die Pfanne wird vom Herd genommen, nachdem der Käse zerlaufen ist, bevor allerdings alles schwarz und übelriechend-eklig-verbrannt aussieht.
Das Käseei auf die Brotscheibe legen und verspeisen, während man lobende Worte über den Erfinder des Rezeptes verliert.

Sebastian

Im Wald hört man den Förster blasen
Auf seinem Jagdhorn (hohes "c")
Er jagt den armen Osterhasen
Wenn er ihn sieht tut er ihm weh
Die Büchse - sie ist scharf geladen
Der Hund des Försters freut sich schon
Die Försterin liebt Hasenbraten
Genauso wie des Försters Sohn
Der Hase allerdings war clever
Er pinkelte in's Pulverfass
Das heißt: Kein Schuß wird heut ein Treffer
(Urin macht Schießpulver ganz nass)

Am Abend gibt's im Försterhaus
Nicht lecker Osterhasenschmaus
Der Förster, Frau und Sohn und Hund
Werd'n Vegetarier - sehr gesund
Nie wieder Wurst - nie wieder Schinken
(Der Stuhl tut auch nicht mehr so stinken)
Das Schießgewehr kommt auf den Schrott
Dann gibt es Waldhimbeerkompott
Der Hase kommt auch noch zur Feier
Und bringt für alle Ostereier...

Sushi

... ist die wahre kulinarische (Er-)Füllung für Prinz Sebastian. Dabei handelt es sich um Reishäppchen, die mit feinen rohen Fischsorten oder Meeresfrüchten wie Seeigel, Muscheln oder Tintenfisch kunstvoll versehen werden. Der Kult um Sushi-Speisen begann vor über 1000 Jahren im fernen Asien. Die Menschen preßten Fisch und Reis unter Beigabe von Salz in Schichten. Zum Verzehr schnitten sie hiervon fingerbreite Streifen oder Würfel ab. Die Methode war so erfolgreich, daß man sie, mit steigendem optischen Anspruch, zur Kunst ausbaute. Für den deutschen Otto-Normalverbraucher ist die Zubereitung sehr schwierig: Spezielle japanische Gewürze und Finessen gehören dazu. Deshalb zieht es Sebastian immer ins Leipziger Japan-Restaurant Yamato. Seine Lieblingsvarianten heißen Makimono (mit rohem Fisch, Meeresfrüchten oder Gemüse und Essigreis gefüllte Seetangblättchen) und Sushi Sashimi, erlesene Streifen von rohem Fischfilet und Meeresfrüchten mit Sojasoße und Wasabi (Meerrettich). Dabei kommen alte japanische Schneidtechniken zum Einsatz.

Cheeseburger

Vor allem Sebastian und Tobias fahren auf Fast food ab. Wenn auch Ihr Burger mögt, Euch jedoch die vielbemeckerte Massenabfertigung in manchen Schnellrestaurants nervt, könnt Ihr die amerikanische Erfindung auch

gemütlich in den eigenen vier Wänden zaubern. Es ist ganz einfach, dauert nur 'ne halbe Stunde – und mundet besser als in den pappigen Brötchen der Fast-food-Läden. Hier das Rezept für einen Top-Cheeseburger für 4 Hungrige.

Ihr benötigt 350 g gemischtes Hackfleisch, Salz, Pfeffer, 1 Teelöffel edelsüßes Paprikapulver, 1/4 Teelöffel Knoblauchpulver, 1 Messerspitze getrockneten Majoran, 2 Zwiebeln, 5 Eßlöffel Butter oder Margarine, 4 große, glatte Brötchen, 2 Tomaten, ein paar Scheiben Salatgurke und 4 Scheiben Cheddarkäse.

Das Hackfleisch mit Salz und den Gewürzen verkneten und zu 4 Hacksteaks formen. Die Zwiebeln und die Tomaten in dünne Ringe schneiden. 3 Eßlöffel Fett in der Pfanne erhitzen und die Hacksteaks auf beiden Seiten etwa 8 Minuten braten. In einer zweiten Pfanne das restliche Fett zerlassen und die Zwiebelringe darin knusprig braun braten. Die Brötchen aufschneiden, 4 Hälften mit jeweils einem Hacksteak, Zwiebelringen, Tomaten- und Gurkenscheiben und einer Käsescheibe belegen. Die Cheeseburger unter dem Grill gratinieren, bis der Käse zerläuft. Mit den anderen Hälften zudecken – fertig!

Spaghetti alla Carbonara

Sebastian, die verrückte Nudel, empfiehlt Euch wärmstens diese deftig-würzige Pasta-Zubereitung! Für 4 Personen sind nötig: 2 Eier, 2 Eigelb, 1 Tasse geriebener Parmesankäse, 500 g Spaghetti, Salz, 100 g Schinkenspeck,

6 Eßlöffel Sahne, 4 Eßlöffel Butter, grobgemahlener schwarzer Pfeffer.

Zuerst solltet Ihr die Spaghetti in reichlich kochendem Wasser nach Vorschrift garen. In der Zwischenzeit können die Eier mit dem Eigelb schaumig geschlagen und der Parmesan eingerührt werden. Den Schinkenspeck in feine Streifen schneiden und in einer Pfanne knusprig braten. Die Sahne einrühren, einmal aufkochen lassen und die Speck-Sahne-Mischung warmstellen (Knoblauch-Fans sollten natürlich ein ordentliches Zehchen hinzufügen). Die Spaghetti abgießen, gut abtropfen lassen und mit der Butter zurück in den Topf geben. Bei milder Hitze vorsichtig durchmengen. Die Butterspaghetti in eine vorgewärmte Schüssel füllen, die heiße Speck-Sahne-Mischung und dann die Eier-Käse-Mischung zugeben. Alles gut vermischen, mit Salz und Pfeffer würzen.

Falls Ihr Spaghetti lieber mit einer schmackhaften Soße wollt, hier die Zubereitungsart für eine ganz und gar wunderbare

Tomatensoße

Ihr nehmt 1,5 kg reife Tomaten, 50 g Butter, 1 Zwiebel, frischen Salbei, Zucker, Salz und schwarzen Pfeffer. Die Tomaten kreuzweise einritzen und in kochendem Wasser 30 Sekunden blanchieren. Die Pelle abziehen, Tomaten vierteln, entkernen und grobwürfeln. Die gehackte Zwiebel in der Butter andünsten. Tomatenwürfel dazugeben

und langsam einkochen lassen. Mit einer Prise Zucker, Salz, Pfeffer und 10–15 Salbeiblättchen würzen. Dazu wie immer die Spaghetti bißfest (»al dente«) kochen. Und Parmesan nicht vergessen!

Tobias

Was bedeutet dir Essen?

In letzter Zeit leider zuviel – man wird eben nicht dünner. Ich hab' schon immer gern gegessen, und im Moment fresse ich richtig. Früher war's jedes Wochenende ein Fest, wenn ich vom Thomanerchor nach Hause kam und meine Mutter mein Lieblingsessen gekocht hat.

Nämlich?

Eisbein mit Sauerkraut, Meerrettich-Soße und weißen Klößen. Und natürlich Senf. Räucherlachs esse ich auch ganz gern – und ich verbrauche viel Ketchup.

Was ißt du sonst gern?

Deftiges, zum Beispiel Gänsebraten. Ich stehe auch auf ausländische Küche – aber Chinesisches würde ich lieber in China essen, Spanisches in Spanien und Fischgerichte an der Küste. Da, wo das Essen herkommt, schmeckt's am besten. Auf Süßigkeiten steh' ich nicht so sehr, abgesehen von Lakritz – aber bei den Arbeiten im Studio steht immer viel Schokolade rum.

Was magst du überhaupt nicht?

Die Speckschwarte vom Eisbein, außerdem Spiegel- und

Rühreier. Das ist, als würde man in einen Luftballon beißen – dieser Gummigeschmack ... Als ich fünf oder sechs Jahre alt war, lud uns einmal unsere Nachbarsfamilie zum Essen ein. Es gab Spinat, Kartoffeln und Spiegelei. Das Ei wollte ich nicht essen, was meiner Mutter natürlich höchst peinlich gegenüber den Gastgebern war. Also mußte ich es doch runterwürgen. Kurz darauf habe ich die ganze Mahlzeit quer über den Tisch gekotzt, was meiner Mutter dann wahrscheinlich doch noch etwas peinlicher war.

Was gibt's bei dir auf Parties?

Als wir unsere Platte in meinem Studio produziert haben, hat Jens z. B. jeden Tag gegrillt, wenn Jens nicht da ist, grille ich selbst, nach dem Grillen wird dann ein »Schnäppel« gereicht. Ansonsten gibt's ab und zu Zwiebelfleisch mit frischem Schwarzbrot oder irgendwelche Salate vom Huhn oder ähnlichen Tieren. Zu Silvester essen wir einen Karpfen und zu Weihnachten schieben wir uns erst eine Gans ins Gesicht und hinterher ein »Schnäppel« (»Schnäppel« ist eine beliebige Spirituose zur Verdauung).

Stell dir vor, du gibst für Michael Jackson eine Party. Was würdest du ihm vor die Nase setzen?

Eine schöne fettige Bratwurst, direkt vom Grill und ein Bier. Da steht der bestimmt drauf.

Welchen Drink würdest du mit in die Badewanne nehmen?

Ich selber eigentlich keinen, aber als ich noch bei »Amor & die Kids« der Trommler war, hat der dicke Amor (der Leadsänger der Band, ca. 105 kg, d. Verf.) mal in der Wanne gegessen im Hotel und immer gerufen: »Küünzel, Coognac!!« Und da habe ich ihm Cognac und Zigarren serviert. Dann mußte ich mich auf den Klodeckel setzen, er hat gesagt: »Nimm dir auch einen!« und dann haben wir über unsere Plantagen in Südamerika gesprochen. Was wieder zeigt: Wir hatten auch früher schon viel Spaß!

Deine Lieblingsrestaurants?

Seit ich in New York war, stehe ich auf die dortigen Hamburger-Restaurants. Ab und zu gehe ich auch mal zum Italiener. Aber am liebsten esse ich zu Hause, weil ich hier hervorragend bekocht werde. Ganz wichtig für mich ist übrigens gepflegte Musik im Hintergrund. Am besten Klassik wie Telemann oder Vivaldi. Bei Eisbein oder Haxe wird schon mal'n Wagner eingelegt – wirklich wahr!

Dein Verhältnis zum vielgeschmähten Fast food?

Da steh' ich völlig drauf. Nach fetten Cheeseburgern ist mir zwar meistens übel, aber vorher kann ich nicht aufhören. Bratwurst mag ich auch gern; dazu paßt übrigens am besten Volksmusik, leider fehlt mir dazu die passende CD ...

Was bevorzugst du an Autobahnraststätten?

Ich sag' nur: Raststätte Michendorf, in der Nähe vom Drewitzer Kreuz. Das beste Hühnerfrikassee vor dem Herrn, der blanke Wahnsinn! Leider gibt's das dort inzwischen nicht mehr.

Hast du schon mal Diät gemacht?

Das zwar nicht, aber ich renne regelmäßig durch den Wald, so zwei- bis dreimal die Woche etwa 40 Minuten. Nur als Kind mußte ich mal Diät machen – als ich Gelbsucht hatte.

Von wem würdest du dich auf keinen Fall zum Essen einladen lassen?

Och, da gibt's so viele, die könnte ich gar nicht aufzählen. Manchmal sind wir von Berufs wegen eingeladen, das kann mal nett und mal unangenehm sein. Bei Fürstin Gloria von Thurn und Taxis zum Beispiel war's ja ganz nett – aber so feudal, daß ich dauernd Angst hatte zu kleckern. Das war ziemlich anstrengend.

Mit wem würdest du besonders gern mal essen gehen?

Um jemanden kennenzulernen, muß ich nicht mit ihm essen gehen. Da kann ich genausogut mit ihm Paddelboot fahren oder Angeln gehen. Aber mit meinen früheren Idolen würde ich gar nichts davon tun, die behalte ich lieber in meinen Träumen von damals. Träfe ich die jetzt nach all den Jahren, könnte ich heftig desillusioniert werden.

WHISKEY

Hier mein Statement zum Thema "Eisbein":

<u>Jeden</u> Tag Eisbein mit Sauerkraut zu essen kommt für mich <u>nicht</u> in Frage, ich esse an den Tagen zwischendurch z.B. auch gern mal eine Bratwurst oder ein Schweineschnitzel.

Dein Tobias

Schweinshaxe

Für eine richtig gute Haxe würde Tobias sogar seine Haarfarbe ändern – zumindest würde er heftig drüber nachdenken. Sein Leib- und Magengericht bereitet man für 2 Leute so zu:

2 Haxen mit Salz, Pfeffer, Kümmelpulver, Rosmarin und Paprika einreiben. Backofen anheizen, große Bratenpfanne mit 3 Tassen heißem Wasser auffüllen und die Haxen hineinlegen. Die Haxen im Backofen öfter wenden und mit Bratensaft begießen. Nach 1 Stunde ein gutes Pfund kleiner Zwiebeln neben die Haxen legen und ebenfalls mit den oben genannten Gewürzen bestreuen. 1/4 Liter Brühe auffüllen. Tomatenmark (kleine Dose) und 200 g Sauerkraut unterheben. Alles wieder in die Röhre. Jetzt ein dunkles Schwarzbier öffnen – ein Schluck für Euch, der Rest für die Haxen! (Wenn Ihr noch 'ne Flasche da habt: höchstens ein weiteres Schlückchen für die Haxen, der Rest für Euch!) Mit dem Bier wird die Schwarte beträufelt, damit sie kross und glänzend wird. Das dauert etwa nochmal 1 Stündchen. Die Zwiebeln mit 1 Becher saurer Sahne und 1 gehäuften Eßlöffel Mehl verrühren. 10–15 Minuten ziehen lassen. Dazu Klöße und Sauerkraut. Ein Magenbitter zum Schluß kommt gut, meint Tobias.

Angesichts des folgenden Gerichts sträuben sich bei Tobias die Nackenhaare, denn just dieses Essen fiel ihm einst am Tisch einer Nachbarsfamilie aus dem Gesicht. Auch wir müssen mal »Schwein sein«, begehen deshalb Majestätsbeleidigung und schlagen vor:

Spiegelei mit Spinat

Ein altes Kochbuch aus dem letzten Jahrhundert rät in Sachen **Spiegelei:** *»Man zerläßt Butter in einer Pfanne und schlägt die Eier möglichst schnell nacheinander, aber doch behutsam, damit kein Dotter zerreiße, hinein, streut etwas Pfeffer und Salz darüber und läßt, sobald das Weiße sich verhärtet hat, die nun eine zusammenhängende Masse bildenden Eier aus der Pfanne auf eine Anrichteschüssel gleiten.«*

Im zeitgenössischen Stil geht's jetzt weiter mit **Spinat**. *Dieses Wort ruft bei verschiedensten Generationen heftigste Reaktionen hervor – nicht nur bei Tobias. Selbst, wenn's nicht jedem schmeckt: Das Zeug ist gesund, und Comic-Seemann Popeye schwört drauf, weil es ihm Muskelberge wachsen läßt. Wo wächst Spinat eigentlich? Grüne Jungs behaupten allen Ernstes, Spinat wachse in der Tiefkühltruhe. Ganz so krass verhält es sich (noch?) nicht.*

Besorgt Euch 1 kg davon – es sollte der zarte, helle Blattspinat sein, der im Frühjahr/Sommer geerntet wird. Den Spinat erstmal waschen und abtropfen lassen. In 4 Eßlöffeln Öl oder Butter 2 feingehackte Zwiebeln und eine gehackte Knoblauchzehe andünsten. Spinat dazugeben, mit Salz und je einer Prise Zucker und Muskat wüzen. 2–3mal umrühren, damit er gleichmäßig dünstet (keine Flüssigkeit zugeben). Nach 20 Minuten ist der Spinat fertig. Am besten reicht man ihn zu Bratkartoffeln und Ei, er schmeckt aber auch zu Fisch, Lammkoteletts oder Geflügel.

Jens

Was bedeutet dir Essen?

Sehr viel. Das sieht man schon an meinem kleinen Bauch; Essen setzt bei mir nämlich schnell an.

Was ißt du besonders gern?

Ich verschmähe fast nichts. Zu meinen Favoriten gehören italienische Küche und Schichtkraut. Besonders gern mag ich auch Bouletten in verschiedenen Variationen – auf jeden Fall immer mit Senf, versteht sich.

Was magst du überhaupt nicht?

Die chinesische Küche, da hatte ich einmal ein Schlüsselerlebnis in einem Restaurant in Travemünde. Das Fleisch war so matschig, daß es mir auf der Zunge zerlief. Ich bin auch kein Freund von Sülze oder generell Fleisch in Aspik. Zuletzt hab' ich das bei meiner Schwiegermutter in spe gegessen. Hat aber keine weiteren Auswirkungen gehabt … weder verdauungstechnische noch familiäre.

Was gibt's bei dir auf Parties?

Ich veranstalte ungern große Parties. Wenn ich eine mache, gibt's ein unspektakuläres kaltes Buffet mit Kartoffelsalat, Nudelsalat – viele Sachen, wo Mayonnaise reinkommt.

… die natürlich ganz schön fett macht.

Jaja, eben … Aber es schmeckt so toll!

Stell dir vor, du gibst für Michael Jackson eine Party. Was würdest du ihm vor die Nase setzen?

Ich hab' davon gehört, daß er gern Süßigkeiten, Smarties oder so etwas ißt. Kann er gern haben! Ich steh' dagegen gar nicht auf sowas, im Sommer ess' ich höchstens mal ein Eis.

Welchen Drink würdest du mit in die Badewanne nehmen?

Keinen. Wenn ich in der Wanne sitze, will ich Hitze pur und keine Abkühlung.

Deine Lieblingsrestaurants?

Diejenigen, in denen es herzhafte deutsche Gerichte gibt. Wild zum Beispiel esse ich auch gern, aber ohne solche Verfeinerungen wie Preiselbeeren. Entweder entscheide ich mich für herzhaft oder süß – aber so einen Mischmasch kann ich nicht leiden.

Dein Verhältnis zum vielgeschmähten Fast food?

Die Hamburger, die man hier in den Schnellrestaurants bekommt, sind überhaupt nicht mein Fall – viel zu pampig. In den USA dagegen bekommst du eine richtig große

und lecker garnierte Version, eine regelrechte eigene Eßkultur ist das.

Was bevorzugst du an Autobahnraststätten?

Boulette mit Kartoffelsalat. Es gab mal eine bestimmte Raststätte, wo die anderen Band-Mitglieder immer anhielten, um Hühnerfrikassee zu essen; mir hat das allerdings nicht geschmeckt.

Hast du schon mal Diät gemacht?

Nicht gezielt, aber in letzter Zeit lege ich viel Wert darauf, weniger Fleisch zu essen. In der Grillsaison gibt's natürlich öfter ein Steak. Allmählich entdecke ich die Biokost und stelle fest, daß einiges davon besser schmeckt, als ich ahnte. Ich habe gemerkt, daß mir das richtig gut tut.

Von wem würdest du dich auf keinen Fall zum Essen einladen lassen?

Kommt immer darauf an, was es gibt (lacht). Ich bin beispielsweise nicht unbedingt scharf darauf, mit einem Politiker zu essen; aber das kann auch ganz nett sein, wie Sebastian und Ali erfahren haben. Sie wurden mal von Oskar Lafontaine eingeladen. Wenn ich gelegentlich aus beruflichen Gründen mit Leuten essen muß, die ich nicht mag, vergeht mir regelrecht der Appetit, und ich versuche, die Angelegenheit schnell hinter mich zu bringen.

Mit wem würdest du besonders gern mal essen gehen?

Mit Boris Becker. Ich schätze ihn sehr, halte ihn für ziemlich clever. In Interviews merkst du, daß er gar nicht so ungeschickt ist, wie er von manchen hingestellt wird. Der weiß sehr genau, was er will.

Jens

Warum ich nach dem Grillen immer einen Underberg trinke?
Tja, weil er leicht beruhigend, stärkend, krampflösend, verdauungsfördernd, blähwidrig, schwach keimtötend, schweißtreibend, regelfördernd, entzündungswidrig, stimulierend, schmerzstillend und zusammenziehend ist.
Ganz anders dagegen die Wirkung des Kaffees und anderer koffeinhaltiger Getränke. Gedankenflucht und künstliche Euphorie weichen bald einem Zustand der Abgeschlagenheit.
Underberg dagegen läßt keine Überdrehtheit aufkommen. Das Bewußtsein ist im Einklang mit den tieferen Seinsschichten.

Prof. Dr. sc. med. Semboner

Ran an die Bouletten!

10 Stück

Keine Frage: Die Boulette gehört zum Essen wie das Bratfett in die Pfanne. Ob zur repräsentativen Party bei Meier-Motzen oder zum Ruck-Zuck-Schmeckerchen an der Imbißbude, der kleine Rundling ist überall beliebt – nicht zuletzt bei Jens.

Über die Ursprünge der Boulette streiten sich seit Jahrzehnten die Gaumen-Gelehrten. Die einen behaupten, sie sei eine Erfindung uniformierter Ordnungshüter – dann allerdings in der Schreibweise »Bullette«. Die anderen siedeln die Herkunft bei den 68er Hippies an – geschrieben als »Freakadelle«. Der Ur-Sachse nennt sie hingegen »Gewiegtskließel« (»Gewiegtes« steht nämlich für gehacktes Rind- und Schweinefleisch).

Immerhin herrscht beim Rezept Einigkeit:

1 kg Gehacktes von Schwein und Rind mit einem Ei, einem eingeweichten und ausgedrückten Brötchen, Salz, Pfeffer und einer fein gewürfelten Zwiebel mischen. Lustvolles Rummantschen ist garantiert! Dann runde Bouletten formen, in Semmelbrösel wenden und in heißem Fett braten. Zu empfehlen: einen Löffel Senf und geriebenen Käse druntermischen. Das macht die Bouletten schmackhafter und lockerer. Dazu gibt es »Ardäpplbrei« (wie der Ur-Sachse sagt) mit Zwiebeln.

Schichtkraut

für 3–4 Personen

Schichtkraut nennt der Volksmund »Kohlrouladen für Faule«. Man/Frau/Kind benötigt 1 mittelgroßen Kopf frisches Kanzlergemüse (auch schlicht Kohl genannt), 500 g Gehacktes, Margarine, Tomatenmark, Salz, Pfeffer, Kümmel, Paprikapulver, saure Sahne.

Den Kohl feinhobeln (das kann in der Küche passieren, eine Hobelbank im Hobbykeller wäre zu snobistisch). Ungehobelte, die diese Technik nicht beherrschen, schneiden den Kohl in feine Streifen. Dann wird er mit Salz, Pfeffer und Kümmel in heißer Margarine angedünstet, außerdem das Hackfleisch gewürzt. Kohl und Fleisch schichtweise in eine Auflaufform füllen. Deckel drauf und 45 Minuten in den Backofen.

Danach Sahne, Paprika sowie Tomatenmark verrühren und über den Schichtkohl geben. Nochmal 15 Minuten in den Backofen – diesmal ohne Deckel. Schichtkraut schmeckt am besten, wenn es einen Tag durchgezogen ist.

Grillen à la Jens

Wenn Jens an den glühenden Kohlen richtig in Fahrt kommt, grillt er alles. Fleisch, Fisch, Gemüse, CDs, Notenblätter, störende Nachbarn. Dafür hat er jede Menge Kniffe. Besonders originell ist seine Art, Steaks zu grillen. Er bearbeitet sie vorher äußerst brutal mit dem Fleischklop-

fer, bis sie etwa so dünn sind wie die Nerven der Nachbarn durch das Geklopfe. Dann wird das Fleisch wie üblich gewürzt und in Bier und Zwiebeln eingelegt. Dazu verdrückt Jens Knoblauch-Baguettes: 1 Stück Butter, 4–5 Knoblauchzehen (durchgepreßt) und Salz vermischen. Damit etwa 10 Baguettes bestreichen, in Alufolie wickeln und nicht allzu heiß grillen. Baguettes öfter wenden. Hinweis: Je mehr Knoblauch Ihr nehmt, desto genauer wißt Ihr danach, welche Eurer Freunde die wahren sind.

Henri

Was bedeutet dir Essen?

Sieht man das nicht? Spaß am Essen bekam ich schon durch meine Eltern: Die haben jahrelang Gaststätten betrieben, meine Mutter ist gelernte Köchin, die tolle Sachen zaubern kann. Außerdem erfüllt Essen für mich noch einen ganz anderen Aspekt: Es ist ein Mittel zur Kommunikation. Ich bekomme meine Familie sehr unregelmäßig zu Gesicht, und da ist eine ausgedehnte gemeinsame Mahlzeit entspannend und eine wunderbare Möglichkeit, über alle möglichen Dinge zu reden.

Was ißt du besonders gern?

Eine richtige Lieblingsspeise habe ich eigentlich nicht. Ich stehe auf Fleisch, Geflügel, Rouladen, Schnitzel, Steaks, dazu einen netten Salat. Und ich mag gern Käse, der ordentlich stinkt, zum Beispiel Harzer.

Was magst du überhaupt nicht?

Süßigkeiten. Und Chinesisches oder Indisches lehne ich kategorisch ab. Ist einfach nicht mein Fall. Pommes frites schmecken mir nach wie vor längst nicht so gut wie die gute alte Kartoffel. Auch mit italienischer Küche hatte ich lange meine Probleme, ich hab' mich dann so rangetastet. Auf unserer ersten Tournee gab's so oft Pasta und

Pizza, daß mir das Zeug eine Zeitlang aus den Ohren rauskam.

Was gibt's bei dir auf Parties?

Nichts Pompöses. Ein kaltes Buffet mit verschiedenen Häppchen, Salaten, Geflügel, Würstchen.

Stell dir vor, du gibst für Michael Jackson eine Party. Was würdest du ihm vor die Nase setzen?

Wahrscheinlich eine gepflegte Bratwurst. Mit viel Senf, dazu Kartoffeln und Sauerkraut. Das wär' für den mal was ganz anderes.

Wenn er mal davon keinen Ausschlag kriegt …

Och, das würde bei dem vielleicht gar nicht auffallen.

Welchen Drink würdest du mit in die Badewanne nehmen?

Überhaupt keinen, das Badewasser reicht mir.

Deine Lieblingsrestaurants?

Erstmal müssen sie gemütlich sein, zum Beispiel die Restaurants in den USA finde ich durchgehend kalt eingerichtet. Was das Essen angeht – da bevorzuge ich herzhafte und regiontypische deutsche Küche.

Dein Verhältnis zum vielgeschmähten Fast food?

Ich bin ein absoluter Fast-food-Gegner und esse weder Hamburger noch Döner. Es hat so etwas von liebloser Massenabfertigung. Irgendwo ist es auch kulturlos, so wie Frühstücken in abgewetzter Jogginghose – denn das mag ich ebenfalls nicht, auch wenn's altmodisch klingt.

Was bevorzugst du an Autobahnraststätten?

Gar nichts, das Zeug ist regelrecht pervers und viel zu teuer. Wenn ich bei langen Fahrten Hunger bekomme, nehme ich lieber die nächste Ausfahrt und suche mir einen schönen Landgasthof.

Hast du schon mal Diät gemacht?

Ab und zu versuche ich es. Dann mache ich mir sogar einen richtigen Speiseplan, und der sieht vor: kein Mittagessen. Ohne Frühstück geht's aber nicht. Abends gönne ich mir dann wieder was: Pilzpfanne oder Steak zum Beispiel.

Abendessen setzt allerdings besonders an …

Stimmt. Aber abends hab' ich unbändigen Hunger. Die Diätversuche dauern ja auch höchstens vier Tage, dann gebe ich auf. Nur einmal habe ich kräftig abgenommen: als ich vor lauter Zahnschmerzen eine Woche lang nichts essen konnte.

Von wem würdest du dich auf keinen Fall zum Essen einladen lassen?

Von einem Mitglied der PDS, wegen der politischen Richtung dieser Partei. Höchstens noch von Gregor Gysi, weil der richtig was im Kopf hat.

Mit wem würdest du besonders gern mal essen gehen?

Da gibt's ziemlich viele, vor allem Leute aus dem Sportleben: Franz Beckenbauer, Boris Becker, einige Fußballer. Auch Steffi Graf halte ich für eine hochinteressante Persönlichkeit. Am liebsten würde ich natürlich mit dem Bundeskanzler essen gehen – dann könnte ich mir wenigstens einreden: Henri, du bist gar nicht so dick!

Und was ist mit Deinem Lieblingskomiker Helge Schneider?

Da würde wohl eher ein gemeinsames Trinken draus.

Geneigter Leser!

An meiner Figur kann man seit einiger Zeit erkennen,
daß ich ein Freund gediegener Speisen bin. Aber auch
von „Obst und Knäckebrot" kann man sich durchaus
ernähren. Ich nenne das die „Bauch-weg-Diät",
welche bei mir aber nur höchstselten zum Einsatz kommt.

In diesem Sinne, herzlichst Ihr

Kartoffelsalat

Den Kartoffelsalat schlechthin gibt es nicht; jeder hat so sein persönliches Rezept. Ob mit Mayo oder Öl, ob mit Jagdwurstwürfeln oder Salami, ob mit Äpfeln oder Sellerie. Viele verbinden mit Kartoffelsalat schönste Erinnerungen an Omis oder Muttis Zubereitungskünste.

Hier ist Henris Lieblings-Machart für 4 Personen.

1 kg Kartoffeln kochen, pellen und würfeln (die Erdäpfel, die nach dem Würfeln die meisten Augen zeigen, haben nicht gewonnen, sondern müssen ausscheiden, harhar!). Kartoffeln in eine große Schüssel geben, salzen und pfeffern. 1 Glas Mayo, 1 kleines Glas Gewürzgurken in Würfel oder Scheiben schneiden (hilfreich können Eierschneider oder Gitarrensaiten sein). 1–2 Äpfel schälen und würfeln, 1 kleine feingewürfelte Zwiebel dazu, dann alles behutsam mit den Kartoffeln vermischen. Eventuell noch Gurkenwasser zugeben, falls Euch der Salat zu trocken erscheint. Dazu ein (w)armes Würstchen.

Rouladen

… werden auf die folgende Art auch in tausenden nichtprinzlichen Küchen zubereitet. Königlich ist der Genuß allemal.

Hole Dir 4–5 Rouladen vom Fleischer Deines Vertrauens. (Vorsicht: Wenn du bei einem Einrichtungshaus warst, hast du falsch gewählt, nämlich Rolladen.) Zu Hause angekommen, klopfe sie (jede einzeln) breiter und dünner.

Dann spülst Du die Rouladen ab, trocknest sie und legst sie auf Deine Arbeitsfläche. Salzen, pfeffern, dann den Senf darauf. Speckstreifen, Gewürzgurken und Zwiebelwürfel auf die Rouladen verteilen. Aufrollen, mit Garn verschnüren oder Rouladennadeln verwenden (letzteres kann – laut neuester Statistiken – süchtig machen: Viele Köche hängen an der Rouladen-Nadel!). Von allen Seiten anbraten, immer etwas Wasser zugießen und mit Deckel weiterschmoren lassen. Zum Schluß Sahne und 1 Eßlöffel Mehl für die Soße zugeben, abschmecken, fertig!

Party-Bemmchen

Der Sachse weiß es, der Sachse liebt sie, der Nicht-Sachse kratzt sich ratlos am Kopf: Was – zum Kuckuck – sind Bemmchen? Der Westfale nennt sie Stullen, im Allgemein-Deutsch heißen sie ganz unspektakulär Brotschnitten. Wer aber denkt, bei einem Bemmchenteller handelt es sich um schnöde Schnitten, hat die Rechnung ohne den Wirt gemacht – Bemmchen sind sächsische Philosophie, sind Lebensbejahung und Traditionsbewußtsein!

Zurück auf den Boden des Tellers: Kleine, dünne Schwarz- oder Weißbrotscheiben werden mit Schmalz bestrichen und mit Käse, am besten Harzer (stinken muß er!), belegt. Aber auch Wurst, gebratenes Fleisch oder Fisch finden Verwendung. Alles mit Gürkchen, Radieschen, Tomate und Ei verziert und mit noch mehr Liebe serviert. Sächsische Bemmchen eben!

Wolfgang

Was bedeutet dir Essen?

Ich stehe in dem Ruf, daß ich hauptsächlich ans Essen denke. Das stimmt natürlich nicht ganz: Ich denke regelmäßig ans Essen. Ich bin daran gewöhnt, dreimal täglich Mahlzeiten zu haben. Auf Tourneen ist das selten möglich, das stört mich auch.

Wenn du öfter ißt als die anderen Prinzen, wieso hast du nicht auch einen Bauch zu beklagen?

Vielleicht habe ich gerade wegen der Regelmäßigkeit keine Wampe, außerdem speise ich nicht so fettig, sondern ziemlich ausgewogen und abwechslungsreich.

Was ißt du besonders gern?

Am liebsten esse ich Rindsrouladen, wobei ich, wie überhaupt bei den meisten Gerichten, viel Wert auf eine gute Soße lege, von der auch nicht zu wenig da sein sollte. Außerdem liebe ich Apfelrotkohl, Wirsing, Rosenkohl, Blumenkohl und Spargel. Kartoffeln habe ich am liebsten als Salzkartoffeln oder Thüringer Klöße. Pommes esse ich höchstens mal in Verbindung mit einer Currywurst. Bei Salaten, die ich gerne nach Belieben zusammenstelle, gehört ein frisches Dressing, meist aus Weinessig, Olivenöl, Senf, Salz und Pfeffer dazu. Zum Frühstück esse ich oft getoastetes Schwarzbrot (ganz früher haben wir bei uns zu Hause die Brotscheiben auf der Herdplatte des Feuerherdes getoastet, das schmeckt am allerbesten). Dazu trinke ich Milchkaffee, neuerdings auch grünen Tee.

Was magst du überhaupt nicht?

Ich kann Blutwurst nicht ab. Bis auf Salate sind die meisten kalten Gerichte nichts für mich, was Warmes ist viel besser – auch morgens, zum Beispiel Rührei oder Omelette. Ich hab' außerdem was gegen kalte Milch oder Joghurt. Bis auf Nierchen schmecken mir auch Innereien nicht.

Einmal wurde für uns ins Boogie Park Studio in Hamburg ein französischer Koch bestellt, der uns an seinem ersten Tag mit kalter Gurkensuppe verwöhnen wollte. Tobias und ich haben die Delikatesse dann in der Mikrowelle warm gemacht. (Übrigens ist der Koch dann am nächsten Tag nicht mehr wiedergekommen.)

Was gibt's bei dir auf Parties?

Bei meiner letzten Party gab's Gegrilltes, Steaks und Lachs und jede Menge Salat, zum Beispiel Chopska-Salat mit viel Schafskäse.

Stell dir vor, du gibst für Michael Jackson eine Party. Was würdest du ihm vor die Nase setzen?

Ach, der reist ja eh nur mit seinen sechs oder sieben Spezialköchen herum, zumindest mit einem festen Speiseplan.

Wenn ich eins seiner Wunschgerichte zu Hause hab', bekommt er das – wenn nicht, hat er Pech gehabt.

Welchen Drink würdest du mit in die Badewanne nehmen?

Meine letzte Badewanne habe ich mit einer Miniflasche Champagner eingeweiht, die ich zuvor geschenkt bekommen habe. Für den Alltag ist das aber nichts, und die Wanne hält hoffentlich noch einige Zeit.

Deine Lieblingsrestaurants?

Ich mag Restaurants, in denen man sich gepflegt unterhalten kann, ohne die Stimme anzuheben. Deshalb verzichte ich auch lieber auf Livemusik. Ich bevorzuge deutsche gutbürgerliche oder italienische Küche, letzteres aber nur, wenn es außer Pizza noch genügend anderes zur Auswahl gibt. Wenn die Beilagen nicht nach meinem Geschmack sind oder nicht zusammen passen, scheue ich mich nicht, die Karte völlig neu umzustellen. Das ist auch ein sicheres Mittel, die Belustigung meiner Bandkollegen hervorzurufen.

Dein Verhältnis zum vielgeschmähten Fast food?

Das genehmige ich mir nur, wenn's nichts anderes gibt. Mit Mc Donald's verbindet mich eine Art Haßliebe. Es schmeckt ab und zu gut, aber eigentlich ist es eklig.

Was bevorzugst du an Autobahnraststätten?

Das ist ganz verschieden. Die Auswahl reduziert sich oft auf wenige ansehnliche Gerichte. Im Zweifelsfall orientiere ich mich an Henri. Der liegt selten daneben.

Hast du schon mal Diät gemacht?

Das brauch' ich zum Glück nicht. Ich denke aber schon länger darüber nach, mal eine Woche zu fasten, wovon mich mein großer Appetit bisher abgehalten hat.

Wenn ich richtigen Hunger habe, kann ich nämlich überhaupt nicht klar denken.

Von wem würdest du dich auf keinen Fall zum Essen einladen lassen?

Ich würde keine Einladung von jemandem annehmen, der wesentlich weniger Geld hat als ich.

Mit wem würdest du besonders gern mal essen gehen?

Am allerliebsten gehe ich mit meiner Frau essen.

Thüringer Klöße

Das, was uns manche Küchentisch-Täter als Thüringer Kloß vor die Nase stellen, würde einem echten Vertreter der Speise-Spezies das Kartoffelwasser in die Augen treiben und ihn zum Trauerkloß machen. Kloßforscher verweisen stets darauf, daß die Originalrezepte nicht nur nach Landkreisen, sondern sogar innerhalb von Ortschaften, Straßen und Familien (!) unterschiedlich angegeben werden. Aber welche Klöße sind nun echte Thüringer? Jedenfalls diejenigen, die nur aus Kartoffeln und knusprigen, in Butter gerösteten Weißbrotwürfeln für die Füllung bestehen – und die Kloßfan Wolfgang schmecken. Also aufgepaßt, hier das Rezept für 10–12 Klöße:

2 kg stärkehaltige, mehlig kochende Kartoffeln schälen und waschen. Dann fein reiben. Die Kartoffelmasse muß in lauwarmes Wasser fallen, damit sie sich nicht an der Luft braun verfärbt. Diese Masse vorsichtig mit der Hand umrühren, stehenlassen und das obere Wasser behutsam abgießen. Die Kartoffelmasse sollte knapp mit Wasser bedeckt sein.

Über eine zweite große Schüssel einen »Kloß-Preßsack« oder ein sauberes Geschirrhandtuch spannen und die Kartoffelmasse kräftig darin auspressen. Das Wasser zunächst aufheben, damit sich unten die Kartoffelstärke absetzt. Danach das Wasser vorsichtig abgießen, die Kartoffelstärke mit der trocken ausgepreßten Masse in einer großen Schüssel locker vermischen. Eventuell 1 Tasse lauwarmes Wasser zum Auflockern zugeben.

1 kg Kartoffeln, gewürfelt in Wasser (ohne Salz) zu Brei

zerkochen. Den Brei dann fein zerstampfen und kochend heiß in 2 bis 3 Teilen über die kalte Kartoffelmasse geben und schnell verrühren. Dann kräftig verkneten, bis sich der Teig von der Schüssel löst. Sobald das passiert, keinen Kartoffelbrei mehr zufügen. Klöße formen, in die Mitte 3 bis 4 Weißbrotwürfel geben und die Klöße in siedendes, gesalzenes Wasser legen. Darin müssen sie etwa 15 Minuten ziehen.

Ihr werdet's kaum glauben, aber: jetzt sind sie fertig! Merke: Klöße werden hergestellt, nicht gekocht!

Leipziger Allerlei

Manche schäbigen Küchenschaben verstehen unter Leipziger Allerlei noch immer eine Resteverwertung nach dem Motto: »Alles in einen Topf – einer wird's schon essen ...« Von wegen! Leipziger Allerlei, das berühmteste sächsische Gemüsegericht, hat eine eigene Kultur und besteht nicht aus lieblos zusammengeklatschtem Zeug! Es paßt prima zum Sonntagsbraten, ist aber auch mit Pellkartoffeln eine Leckerei und bestens für Vegetarier und Gemüsefreunde wie Wolfgang geeignet.

Für 4 Personen bedarf es junger zarter Gemüsesorten (P.S.: Die Prinzen mögen junges Gemüse), die gedünstet oder gekocht werden.

Man nehme 500 g kleine, junge Möhren, 2 Kohlrabi, 100 g Erbsen, 200 g zarte grüne Bohnen, 200 g frischen Spargel, 1 kleinen Blumenkohl – alles geputzt und gewaschen, versteht sich. Dann wird nacheinander jedes Gemü-

se für sich in einem Topf mit 1 Liter Wasser, 1 Prise Salz, 1 Eßlöffel Butter und 1 Prise Zucker bißfest gekocht. Das Gemüse warmstellen. Das Original Allerlei wird mit Morcheln und Krebsen verfeinert. 10 Morcheln putzen und waschen und in der Pfanne mit ein wenig Butter dünsten (dauert etwa 5 Minuten) und anschließend ebenfalls warmstellen. Danach nicht lange herumkrebsen, sondern 8–10 Krebse in 1,5 Liter kochender Brühe aus Salz, Dill, Kümmel und 1 kleinen Zwiebel gar ziehen lassen. Die Krebse erkalten lassen und aushöhlen; eine leckere Sahnesoße rundet alles ab (diesmal ohne Mehl und Butter). Ihr müßt 1/8 Liter der Gemüsebrühe durch ein feines Sieb abgießen, mit einem Glas trockenem Weißwein und einem Becher Sahne (200 g) auf die Hälfte einköcheln. Die Soße wird mit einer Prise Muskat, Pfeffer und Salz abgeschmeckt.

Während die Soße einkocht, werden in einer Pfanne 100 g Butter erwärmt. Beginnend mit den Krebsen, wird danach jedes Gemüse wieder einzeln in dieser Butter geschwenkt. Auf warmen Tellern anrichten und die Soße dazu reichen.

Wer jetzt noch von Leipziger Allerlei als bloßer Resteverwertung spricht, hat allerlei Blödsinn im Sinn.

Chopska-Salat

Wolfgang liebt diese bulgarische Spezialität, vor allem weil er zu faul zum Salatputzen ist.

Man braucht für Chopska-Salat nur Paprika, Gurken

und Tomaten, also alles, was relativ einfach vom Schmutz zu befreien ist. Man nehme je eine rote, gelbe und grüne Paprikaschote, eine Salatgurke und je nach Geschmack noch einige Tomaten und schneide sie in mundgerechte Stücke (Ringe sehen zwar appetitlicher aus, passen aber kaum in einen Mund). Dann müssen 200 g (gern auch etwas mehr) Schafskäse grob geraspelt werden. Dazu wird noch eine große Zwiebel in Ringe geschnitten. Gewürzt wird mit Olivenöl, feingehacktem Knoblauch, schwarzem Pfeffer und Salz. Vorsicht: Der Käse ist schon sehr salzig!

Wolfgang gibt noch etwas Weinessig hinzu. Schneidet man den Käse lieber in kleine Würfel und nimmt Oliven hinzu, heißt das Ganze Griechischer Salat.

Die Tour-Prinzen

Ali Zieme: Mal weich, mal hart

In Alis Küche hat's gerade noch mächtig gebrodelt. Die beiden frischgekochten Eier hüpfen im jetzt sanft sprudelnden Wasser. Ali Zieme stellt sich allem Anschein nach gern an die Herdplatten – doch der trügt. »Nee, nee«, wehrt der langmähnige Blonde lachend ab, »kochen kann ich eigentlich nur zwei Sachen: Kaffee und Eier. Und die werden jedesmal anders, mal weich, mal hart.«

Was die Bereiche Küche und Musik angeht, nimmt Ali eine außergewöhnliche Prinzen-Rolle ein: Im Gegensatz zum Gesangsquintett hat für ihn zumindest das Essen ohne ein Gegenüber nur den Status von Nahrungsaufnahme; und seine popmonarchischen Aufgaben konzentrieren sich nicht auf Studio-Einspielungen oder Fernsehauftritte, sondern auf Tourneen: Ali Zieme ist der Prinzen-Drummer für alle Live-Fälle.

Trommeln bekämpft auch schon mal seine morgendliche Müdigkeit. Mit gesenkten Augenlidern bearbeitet Ali die zwei großen Kongas in der Wohnzimmermitte, seine Handballen tänzeln, die Fingerspitzen klöppeln. Gelegentlich schaltet er »Viva« ein und begleitet die Chart-Hits.

Beim Schlürfen tiefschwarzen Kaffees wird er endgültig wach und offenbart seine Eßgewohnheiten. »Morgens schmeiß' ich mir schnell was ins Gesicht und bin ruck, zuck

aus dem Haus.« Abends sieht die lukullische Welt jedoch auch für den Frühstückspragmatiker anders aus. »Gemütlich essen gehen oder lecker bekocht werden, das ist wunderbar.« Vor allem, wenn Alis Leibgerichte auf den Teller kommen. Der Mann verspeist mit Vorliebe alles, was einmal geflogen ist, besonders Huhn oder Pute. Außerdem schwärmt Ali für Kulinarisches aus Bella Italia – egal, ob Pasta oder Pizza, nur Knoblauch darf nicht dran. Jagen kann man ihn mit Sülze, fettigem Fleisch oder Eintopf.

In Sachen Fast food schimmert beim schlagkräftigen Tour-Prinzen doch der Gourmet durch. »So' ne Massenabfertigung mag ich nicht.« Wenn er sich mal in ein bestimmtes Schnellrestaurant amerikanischen Ursprungs verirrt, bleibt der Geflügel-Fan konsequent – und ißt Chicken McNuggets.

Von ganz anderem Kaliber war da schon das Essen in Bonn bei SPD-Chef Oskar Lafontaine im Mai '96. »Da gab's zig verschiedene Sachen, alles vom Feinsten. Der Nachtisch schmeckte so klasse, daß ich den von Lafontaine gleich mitgegessen hab'.« Auch zwischen solch genüßlichem Kauen wurden er und Sebastian keineswegs mundfaul und löcherten das Partei-Oberhaupt mit Fragen zum Thema Steuern und Wehrdienst, den Ali kategorisch ablehnt: »Nicht mehr zeitgemäß.« Deshalb wäre auch ein Essen mit Verteidigungsminister Volker Rühe für ihn tabu. Sein Wunsch-Mitesser bei Kerzenschein: Christy Turlington, Star-Model für Designer Calvin Klein, »bei der mich vor allem die dunklen Augen faszinieren.«

Auf Süßes in kulinarischer Form fährt er gerade bei Tourreisen ab. »Wenn ich 'nen Tiefpunkt hab', bringt

Schokolade mich wieder hoch. Das wirkt besser, als sich kurz vor dem Auftritt noch den Magen mit ’nem Riesen-Essen vollzuschlagen«, erzählt der »schönste Schlagzeuger der Welt«, wie Sebastian ihn getauft hat.

Ali nimmt noch einen Schluck Kaffee, zieht an der Zigarette und bewegt sich in Richtung Küche, um die gekochten Eier zu begutachten. Und siehe da: In den ovalen Hühnererzeugnissen klaffen Risse, aus denen Eiweiß hervorquillt. Wie Ali schon sagte: Sie werden jedesmal anders.

EIERSTOCK
HAUS

Eier für Ali

»Nimm ein Ei mehr«, hieß ein Slogan zu realsozialistischen Zeiten, wenn das Hühnervolk unabhängig von der DDR-Planwirtschaft gut drauf war und massenhaft Eier absonderte. Doch auch in Gesamtdeutschland haben so manche Kochlaien ihre Probleme mit den ovalen Dingern und eiern mächtig herum – vor allem Unbeweibte wie Prinzen-Drummer Ali. Deshalb servieren wir nun einige althergebrachte Grund-Rezepte – aus dem mecklenburgischen Kochbuch von Frieda Ritzerow aus dem Jahre 1868:

Gekochte Eier

»Die recht sauber gewaschenen Eier legt man möglichst auf einmal in scharf kochendes Wasser und läßt sie, wenn das Gelbe ganz weich bleiben soll 4 Minuten, will man es pflaumenweich haben 5 Minuten, soll es ganz hart werden 8–10 Minuten kochen.«

Kleine Ergänzung: Nach dem Kochen werden die Eier mit kaltem Wasser abgeschreckt. Tip: Wenn Ihr die Eier vorher am dickeren Ende anpikst, platzen sie nicht beim Kochen.

Jetzt wird's für Ali und Co. ein klitzekleines bißchen komplizierter:

Russische Eier

... gehören zu den bekanntesten Eierrezepten. Mit dem Zusammenbruch der Sowjetunion sind sie zum Glück nicht kleiner geworden – denn auch Rußlands Ober-Eierkopf mag die Hühnerprodukte (zum Beispiel in Form von Eierlikör!).

Ihr benötigt für 8 Gäste 4 Eier, 1 Eßlöffel Mayo, 15 g Kapern, 1 Zwiebel, 1 Matjesfilet, 1 Apfel, etwas Zitronensaft, Salz und Pfeffer. Die Eier hartkochen (siehe Anleitung oben) und längs halbieren. Den geschälten Apfel und die Zwiebel feinwürfeln, Apfel und Zwiebel mit der Mayo, dem Eigelb und dem Zitronensaft pürieren (also zu feinem Brei zerstampfen). Diese Masse mit dem feingehackten Fisch vermischen. Anschließend dieses Gemisch in die Eihälften füllen und mit Kapern garnieren.

Nun noch ein Vorschlag von der seligen Frieda Ritzerow:

Kräuter-Omeletten

»Es werden 4 Eier mit einer Prise Salz kleingeschlagen und mit 5 Eßlöffeln voll Mehl, 3/8 Pott Milch(*) sowie kleingehackten Champignons, Schalotten(**) und Petersilienkraut durchgerührt. Hieraus backt man Omeletten in der Pfanne.«

(*) 1 Pott = 1 Liter
(**) junge Zwiebeln

Mathias Dietrich: Birne statt Burger

Wann war denn das, wann war denn das? Ja, es muß in den Herbsttagen von 1987 gewesen sein, als irgendwo in Sachsen vier Füße über den Rand einer riesigen Apfelkiste ragten. Deren Besitzer lümmelten sich in dem tiefen Behältnis herum, waren angesäuselt und ließen lockere Sprüche ab. Der eine, etwas Kleinere, stemmte bestimmt die Hände in die Hüften und kündigte an: »Ich werde Popstar!« Der andere, etwas Größere, prustete vor Lachen, in das der eine sofort einfiel. Der etwas Größere war Mathias Dietrich, der etwas Kleinere Sebastian Krumbiegel.

Etwa zehn Jahre später amüsiert sich Mathias immer noch königlich, weil Sebastian tatsächlich recht behalten hat und ein berühmter Prinz wurde. Er selbst gehört ebenfalls zum erweiterten Majestätenkreis – als Bassist auf den Tourneen der Band. Der Hart-Besaitete lernte den Prinzen-Frontmann (neben Tobias) beim Studium an Leipzigs Musikhochschule Felix Mendelssohn-Bartholdy kennen. In jenem Herbst hatte man sie fürs Erntelager eingeteilt, um Äpfel von den Bäumen zu holen, wie's damals zur Studentenpflicht gehörte. Als die Feucht-Fröhlichen die Apfelkiste zur Abfüllkiste umfunktionierten und mächtig einen in der Birne hatten, gab's natürlich Ärger. Eine Weile drohte sogar der Rausschmiß aus der Schule; doch dann aßen die Leiter doch nicht alles so heiß, wie's gekocht wurde. Mathias und Sebastian durften also bleiben und schufen die Voraussetzung für ihre Karrieren.

Was die zwei außerdem eint, ist die Liebe zum Essen. Der

Basser kocht für sein Leben gern. »Mit meiner Freundin stehe ich mehrmals in der Woche am Herd. Es macht total viel Spaß und hat was Familiär-Gemütliches.« Ganz oben in den Köchel-Charts rangieren italienische Nudelgerichte, Fisch (vornehmlich Forelle) und Hühner-Frikassee. Geflügeltes mit kaltem Buffet und Salaten serviert er auch seinen Party-Gästen gern.

An Kochbüchern orientiert sich Mathias nie. »Ich improvisiere und experimentiere lieber«, bekennt er. Eigentlich gibt's (fast) nichts, was er nicht mag. Nur fettes Fleisch ist dem Alles-Esser ein Graus, wenn's wabbelt wie nervöse Götterspeise. Fast food verdrückt er lediglich in höchster (Hungers-)Not; wenn's irgendwie geht, weicht der Tour-Prinz auf einen Döner aus. »Immer noch besser als ein schmieriger Burger«, kommentiert er. Und so gern er auch mit Schlagzeuger Ali Zieme durch die Gegend zieht – er würde sich von dem großen Blonden nie nach Hause zum Essen einladen lassen. »Der holt dann irgendso 'nen Junk aus der Tiefkühltruhe und schmeißt ihn in die Mikrowelle. So was ist nichts für mich.«

In punkto Restaurants pendelt der Dunkelbelockte zwischen zünftig-sächsischen, italienischen und griechischen. Im Urlaub hingegen läuft ihm vor allem bei landestypischen Speisen das Wasser im Mund zusammen. »So einen leckeren Fisch wie an der portugiesischen Algarve hab' ich noch nie gegessen«, schwärmt er und rollt wie zur Bestätigung mit den Augen.

Seine Tischnachbarn sucht sich Mathias sehr genau aus. Am liebsten schwelgt er mit guten Freunden in kulinarischen Genüssen, bei Einladungen von Politikern oder sonstiger Prominenz meidet er An-Biedermänner. Dagegen würde der Musiker gern mal André Agassi kennenlernen, »denn der hat einen ganz eigenen und eigenwilligen Stil und 'ne Menge in der Tennis-Szene bewegt«.

Ach ja, eine Gaumenfreude des Herrn Dietrich haben wir noch vergessen: Er ißt jede Menge Obst. Das könnte auch mit jener Begebenheit zu tun haben. Damals, anno 1987, als er mit Sebastian in der Apfelkiste saß und mit ihm herzhaft über dessen Prophezeiung lachte: »Ich werde Popstar!« Hihihi!

Forelle à la Mathias

Ob gebacken oder gegrillt – bei einer leckeren Forelle geht in Mathias' Küche der Fisch ab! Für einen Zwei-Personen-Genuß rät der Prinzen-Bassist folgendes:

Eine große, ausgenommene Lachsforelle säubern und auf eine eingefettete Alufolie legen. Mit Pfeffer, Salz und verschiedenen Kräutern (zum Beispiel Petersilie) würzen. Dann könnt ihr den Fisch füllen mit Butter, kleingeschnittenen Mohrrüben, Schmelzkäse, Pilzen, Zitrone, Paprika, Tomatenstücken – und was Euch sonst noch in den (Geschmacks-)Sinn kommt. Die Forelle nicht zu lange begrapschen, sonst bekommt ihr Schuppen!

Ab damit in den Backofen, bei 200 C° 20–25 Minuten backen. Dazu am besten Folienkartoffeln mit einer würzigen Kräuter- oder Knoblauchsoße reichen.

Sizilianische Spaghetti

Für diese Zubereitungsart soll schon mancher Mafioso seine Schwiegermutter verkauft haben! Solltet Ihr ebenfalls eine haben, raten wir Euch dennoch dringend von solchen Freveln ab: Der Spaghetti-Genuß ist weitaus kürzer als die drohende Zeit hinter schwedischen Gardinen – da nehmt lieber die Gardinenpredigten in Kauf und besänftigt die Nervensäge mit hingebungsvoller Kochkunst.

Sizilianische Spaghetti für Schwiegermutter, -vater und Ehefrau und den Zubereiter selbst (also vier Personen) setzen folgende Zutaten voraus: 300 g Spaghetti, 3 Eßlöf-

fel Öl, 1 große Zwiebel, 400 g Hühnerleber, Salz, Pfeffer, 5 Eßlöffel geriebenen Parmesankäse.

Die Spaghetti in kochendem Wasser versenken, 1 Eßlöffel Öl unterrühren und die Nudeln nach Vorschrift garen. Die Zwiebeln kleinhacken, bis Euch zum Heulen zumute ist (das könnte natürlich auch die Schwiegermutter erledigen). Die Hühnerleber kalt abbrausen (Duschen ist nicht nötig), trockentupfen, von Sehnen befreien und in mundgerechte Stücke schneiden. Das restliche Öl in einer Pfanne erhitzen, die Leberstücke unter Umwenden bei guter Hitze von allen Seiten anbraten. Die Zwiebelstückchen zur Leber geben und bei verminderter Hitze mitbraten, bis sie glasig sind. Die Spaghetti in einem Sieb abtropfen lassen – und ab in eine vorgewärmte Schüssel. Die (übrigens unbedingt alkoholfreie) Leber mit Salz und Pfeffer würzen und mit dem Parmesan unter die Spaghetti heben. Wenn Ihr dazu Tomatensalat, Kopf- oder Feldsalat reicht, klappt's auch mit der Schwiegermutter.

»Die kleinen Prinzen«

Der Apfel fällt nicht weit vom Stamm

Ein Blick ins Gesicht der Mutter genügt. Prompt wird einem klar, wessen Gene bei gewissen Eigenschaften Sebastians gewaltig mitgemischt haben.

Cornelia Krumbiegel sitzt der gleiche Ausdruck im Umkreis zwischen Mund und Augen: Zur mächtigen Portion Humor gesellt sich da ein leiser Hang zum Spott, der jedoch nie in Überheblichkeit ausartet; da blitzt etwas Listiges, ohne hinterhältig zu sein; da schimmert eine Bestimmtheit durch, die aber keine Tyrannin vermuten läßt.

Diese eigene Art entwickelte auch Sohnemann Sebastian sehr früh. Zu Thomanerzeiten brachte er mit seiner Aufmüpfigkeit die Erzieher samt Thomaskantor regelmäßig in Rage, und die vielen Einschränkungen während der Internatszeit gefielen ihm ganz und gar nicht. »Danach war er allerdings froh, daß wir ihn gedrängt haben, die Thomaner-Zeit durchzuziehen«, erzählt Cornelia Krumbiegel. Wenn Klein Krumi am Wochenende zu Hause war, kochte sie ihm natürlich sein Leibgericht: Spaghetti in allen denkbaren Variationen – mit Tomaten- oder Bratensoße, Käse oder Gemüse. Seine Mutter bescheinigt ihm auch bei den Speisen, die ihm mißfielen (von denen es wenige gab), gute Tischmanieren. Nur als etwa Dreijähriger, erinnert sie sich, sorgte er für ein familienhistorisches Ereignis an der Tafel: Von einem aufregenden langen Tag war der Knirps so erschöpft, daß er beim Essen einnickte.

Was sie lange nicht wußte: Sebastian Nimmersatt besuchte bei günstigen Gelegenheiten ein älteres Nachbarehepaar namens Wünsche, und zwar nicht nur zum Plauschen, sondern auch zum Schmausen. Da gab's nochmal eine Portion Kartoffeln mit Butter und frischer Leberwurst. Kein Wunder also, daß der Lümmel nie so ganz schlank war und auch eine Diät aus Gemüse und Obst ihr Ziel verfehlte. Cornelia Krumbiegel beobachtete das Ganze mit dem für sie typischen Amüsement. Sauer wurde sie nur, wenn ihr musikbesessener Sprößling mit seinen Kumpels oben auf dem Dachboden bis in die Nacht probte und die ganze Bagage den Inhalt des Kühlschranks leer fraß. »Morgens stand für mich dann nichts mehr zum Frühstücken drin«, berichtet die Mutter. Unter den Lausebengeln war übrigens auch Henri. Er wohnte in unmittelbarer Nachbarschaft und gehörte schon zu den Sandkastenfreunden Sebastians.

Der bügelte seine Frechheiten jedoch wieder aus. Zum Beispiel bei den alljährlichen Urlauben auf der Insel Hiddensee, bei denen die Mutter ankündigte: »Liebe Leute, mittags koche ich nicht.« (Mit der ihr eigenen liebevollen Bestimmtheit, versteht sich.) Sebastian stellte sich also schon als Zwölfjähriger an den Herd und bereitete Essen für Mama, Papa, Schwester und Bruder – meistens Spaghetti!

Musik gehört zur gesamten Familie Krumbiegel wie der Käse auf die Pizza: Sebastians drei Jahre älterer Bruder

Martin arbeitet als Dozent an Leipzigs Musikhochschule und leitet einen Oratorienchor. Die ein Jahr jüngere Schwester Susanne absolvierte eine Gesangsausbildung und ist nun Altistin. Mutter Cornelia studierte Musikwissenschaft, lernte dabei Klavier und Cello. Sie ist Chefin des Leipziger Bach-Museums (»sozusagen mein viertes Kind«), und mit Ehemann Peter singt sie regelmäßig im Chor des ältesten Sohnes. Einmal traten sogar alle Krumbiegels gemeinsam auf, bis auf Sebastian. Der saß in den Zuschauerreihen – und am Ende des Konzerts war er es, der Autogramme geben mußte. (Wir können sicher sein: Frau Krumbiegel hat dabei geschmunzelt.)

Nochmal zurück in die Welt der Küche: Der Prinzen-Sohn hat seiner Mutter natürlich seine Lieblingsspeise, Sushi, schmackhaft gemacht. Cornelia Krumbiegel kocht für sich selbst am liebsten Hühnerfrikassee, und sie bereitet gern Salate zu. Ihr Favorit: Schichtkraut-Salat. Außerdem ist sie einem leckeren Gläschen Wein oder Sekt zugetan, genau wie ihr Filius. Da setzt sie ihren kaum spürbaren schelmischen Blick auf: »Jaja, das hat er von mir«, sagt sie. Nicht nur das, Frau Krumbiegel!

Wenn Sebastian mal wieder zum Kuchenessen bei seinen Eltern vorbeikommt, haben wir (nicht nur) für Cornelia Krumbiegel ein heißes Rezept der wundervollen Käsetorte

»Lindy's Cheesecake«

Diese Torte strotzt nur so vor Eiern und Sahne – und vor der Gefahr, davon süchtig zu werden. Der Teig besteht aus: 200 g Mehl, 60 g Zucker, 120 g verlassener – ach, Quatsch –, zerlassener Butter, 1 Eigelb, abgeriebener Schale einer halben Zitrone, Vanillearoma.

Alles zu einem festen Teig verkneten und eine Stunde im Kühlschrank ruhen lassen. Den Teig danach in der gefet-

teten Springform (Durchmesser 22 cm) auslegen, dabei einen Rand von etwa 1 cm Höhe lassen.

Die Zutaten für den Belag: 300 g Zucker, 5 Becher Sahnequark à 250 g, 3 Eßlöffel Mehl, 5 Eier, 2 Eigelb, 1/8 Liter Sahne, Vanillearoma, abgeriebene Schale einer halben Zitrone und Apfelsine. Quark, Mehl, Zucker, Vanille und die Schalen von Zitrone und Apfelsine mit dem Handmixer locker und leicht verrühren. 5 Eier nacheinander unterrühren, danach das Extra-Eigelb und die Sahne.

Die Quarkmischung nun auf dem Teig verteilen. Bei großer Hitze (250 °C) 12 Minuten backen. Dann auf 100 °C runterschalten und etwa 1 Stunde backen. Den Kuchen in der Form auskühlen lassen. Mmmh, lecker!

Sie wird ihm schon (Eis-)Beine machen!

Eisbein, Eisbein und nochmal Eisbein. Da herrscht in der ganzen Familie eiserne Einigkeit. Ob Mutter Christa, ob Vater Harry, Tochter Christiane, Sohn Lutz oder Filius Tobias: Eisbein ist das Gericht der Familie Künzel. So ungewöhnlich das auch für Knirpse scheint: Tobias zog es schon ganz früh jedem Häppchen Schokolade oder Stückchen Kuchen vor – und war davon so begeistert, daß er als Gesangsschüler an manchen Tagen den halben Thomanerchor nach Hause einlud. Seine Mutter nervte das nicht etwa, sondern sie tischte den hungrigen Mäulern Riesenportionen auf. Immer und immer karrte Tobias die Kollegen an. Zu den regelmäßigen Besuchern gehörten Sebastians Bruder Martin Krumbiegel und Tobias' Kumpel Dirk Posner, kurz Onkel P. genannt, der heute als Mitarbeiter im Tonstudio des Prinzen die Mischpultschalter bedient und außerdem mit Lutz in der Combo *Ättänschen* sächsischen Deutschrock fabriziert. Natürlich saß der »P.« auch mit an den Reglern, als die neue Prinzen-CD »Alles mit'm Mund« in Tobias' Studio produziert wurde. »P. gehört seit der Thomaner-Ära zur Familie«, erzählt die kochfreudige Christa Künzel.

Sie erlebte Tobias schon früh als Kind mit sehr eigenwilligen Vorstellungen und Zielen. »Wobei er beim Essen immer artig war und sich nie mit den Geschwistern um den letzten Happen stritt«, betont die Mutter – nicht mal bei Eisbein. Und wenn der Jüngste mal den Teller nicht leer aß, nahm sie das auch nicht zu pedantisch. »Wer satt ist, der

ist satt«, heißt ihre Devise. Doch kaum war der brave Tobias von der Tischkante verschwunden, frönte er seinem Naturell: Er tollte herum, hatte immer ein Späßchen auf Lager und Flausen im Kopf. »Er war schon immer ein Power-Typ, ist aber trotz des großen Erfolgs mit der Band nach wie vor bodenständig«, kommentiert seine Mutter. Was ja hervorragend mit der heimat-typischen Lieblingsspeise des ungekünstelten Künzels korrespondiert (hatten wir eigentlich bereits erwähnt, daß es sich dabei um Eisbein handelt?).

Im Grunde war's aber egal, was Mutter Christa ihrem Tobias servierte, denn der zeigte sich keinesfalls wählerisch, sondern aß fast alles mit größtem Vergnügen. Allerdings erinnert sie sich nur zu gut an ein bestimmtes Essen bei der Nachbarsfamilie, als der Sohn beim Anblick eines Spiegeleis störrisch wurde und unter Mühen in sich hineinstopfte. Bekanntlich endete jene Begebenheit mit dem Übergeben.

»Oh ja«, bemerkt Christa Künzel lapidar dazu.

So, wie sie ihren zielstrebigen Sprößling kennt, traut sie ihm auch locker zu, sich am eigenen Herd durchboxen zu können. »Sein Koch-Repertoire ist sicher nicht das größte, aber ein paar Sachen kriegt der ohne Probleme hin, ich glaube allerdings kaum, daß Tobias bei sich zu Hause kochen muß.«

Mit den anderen Müttern teilt Christa Künzel ein Manko des Prinzen-Erfolgs: Sie bekommt ihren vielbeschäftigten Sohn seltener zu Gesicht. Immerhin klappt es zumindest an den Weihnachtstagen, die ganze Familie zusammenzutrommeln. Traditionell köchelt sie dann Pute mit Rotkohl und Klößen. Wenn Tobias an anderen Tagen mal auf einen

Sprung vorbeischaut und kräftigen Hunger mitbringt, gibt's für die Mutter eigentlich nur eins, was sie ihm vor die Nase stellt. Nämlich ... naja, Ihr wißt schon – oder hatten wir das noch nicht erwähnt?

Eisbein

Dieses Gericht spaltet Esser in zwei Lager: Die einen reißen sich dafür ein Bein aus, die anderen packt die blanke Panik. Ausländer verbinden dagegen alle Deutschen mit dieser Speise. Eisbein (mit Sauerkraut) kommt ihnen so deutsch vor wie uns manche Sachen spanisch. Tobias jedenfalls ist ganz verrückt danach. Was läßt ihn mit so vielen anderen schwärmen? Das zarte, würzige Schweinefleisch? Die fette Schwarte? Die riesige Portion? Oder das Bewußtsein, eine Bastion gegen die Mode von Schlankheitsfimmel, Cholesterinwahn, Fast food und Vegetarismus zu errichten? Egal, Künzels Eisbein (5 Portionen) geht jedenfalls so:

Als Zutaten braucht Ihr 2–3 kg Eisbein (in Stücken à 500 g), 1 Zwiebel, je 5 Gewürz- und Pfefferkörner, 2 Lorbeerblätter, 1/2 Teelöffel Zucker. Alles in 3 Litern Wasser auf kleiner Flamme weichkochen, aus der Brühe heben und diese aufbewahren für die:

Meerrettichsoße

Schöpft von der Eisbein-Brühe soviel Flüssigkeit ab, wie Ihr Soße haben wollt. Die Brühe wird aufgekocht und mit Soßenbinder angedickt. An diese (schon fast fertige) Soße kommt noch geriebener Meerrettich – mild oder höllisch scharf, das bleibt Euch überlassen. Die Soße ist bei Künzels unverzichtbar für:

Weiße Klöße

Zutaten: 600 g gekochte und zu Mus zerstampfte Kartoffeln, 300 g Mehl, 1–2 Eier, 2–3 Eßlöffel Kartoffelmehl, Salz.

Diese Zutaten vermengt Ihr zu einem Teig. Mit angefeuchteten Händen (dann klebt es nicht so) formt Ihr daraus Klöße und wendet sie in einer Extraportion Kartoffelmehl. In siedendem Wasser etwa 15–20 Minuten zum Hochgenuß veredeln.

Hervorragend dazu paßt auch:

Sauerkraut

Erste Variante: Dose kaufen, öffnen, erwärmen, verzehren. Ist aber langweilig und nicht so lecker, deshalb bevorzugen wir das Selberkochen!

Zutaten: 1 kg Sauerkraut, 40 g Schmalz, 2 saure Äpfel, 2 Zwiebeln, 2 Lorbeerblätter, 4 Gewürzkörner, 4 Wacholderbeeren, 1 Teelöffel Kümmel (nach Geschmack, in Sachsen ein Muß).

Im heißen Schmalz die gehackte Zwiebel plus gewürfelte Äpfel andünsten, Sauerkraut und restliche Zutaten untermischen und kochen. Das Kraut soll noch Biß haben (obwohl's zahnlos ist). Eventuell etwas Wasser beim Kochen zugießen.

Schon vor langer Zeit gaben Promis gern ihren literarischen Senf zum Künzelschen Leibgericht:

»... doch scheint es mir, daß es sich mit einem Brei von Kartoffeln, weißen Bohnen oder gelben Erbsen verbunden und mit einer Beilage von gesalzenem Schweinefleisch auf gut Deutsch am besten verzehren läßt«, mutmaßte der Dresdener Kunsthistoriker Carl Friedrich von Rumohr, (1785–1843)

Und Dichter Heinrich Heine (1797–1856) befand:

»Der Tisch war gedeckt. Hier fand ich ganz die altgermanische Küche. Sei mir gegrüßt, mein Sauerkraut, holdselig sind Deine Gerüche!«

Gerührt, nicht geschüttelt

Jens macht das ganz geschickt. Bei seinen Eltern kündigt er sich fast immer kurzfristig an. Denn der Prinz weiß sehr wohl, was in seiner Mutter vorgeht, wenn sie früh genug vom Besuch des Filius erfährt. »Sie macht sich tausend Gedanken, was sie mir Gutes tun kann und flitzt den halben Tag durch Supermärkte, um ein großes Essen auftischen zu können.« So rührig das auch ist, Jens lehnt so viele Umstände wegen seiner Person ab. Doch steht sein Kommen früh genug fest, kann ihn Erika Sembdner überlisten und Speise-Pläne schmieden. Meistens zaubert sie dann eine große Portion Krautwickel aus dem Topf. »Die liebt er seit seiner Kindheit«, weiß die Monarchen-Mutter, und kocht das Leibgericht nach Art des Hauses, nämlich mit einer Füllung aus Hackepeter und Reis, angereichert mit Rippchen. Ungewöhnliches Merkmal: gekocht, nicht gebraten. (Da hält sie's wie James Bond mit seinem Martini: gerührt, nicht geschüttelt.)

Die Sembdner-Junioren Jens, Jochen und Heiko waren zudem immer angetan von Gries mit Früchten, Maccaroni mit Tomatenmark und geriebenem Käse; auch Omelett gehörte zu den Favoriten. Logisch, daß bei einem Trio hungriger Bälger auch mal die Fetzen am Tisch flogen und ein heißer Kampf um die Leckereien entbrannte. Insgesamt, so versichert Erika Sembdner, verhielten sich die drei aber meistens brav. »Jens war immer ein ruhiges Kind«, erinnert sie sich. Bockig wurde er nicht beim Schmausen, sondern bei der Klamotten-Frage. »Wenn ich ihm morgens die

oben: **Sebastian** (© C. Rackow)
unten: **Wolfgang** (© C. Rackow)

oben: **Jens** (© C. Rackow)
unten: **Tobias** (© C. Rackow)

oben: **Henri** (© C. Rackow)
unten: (© C. Rackow)

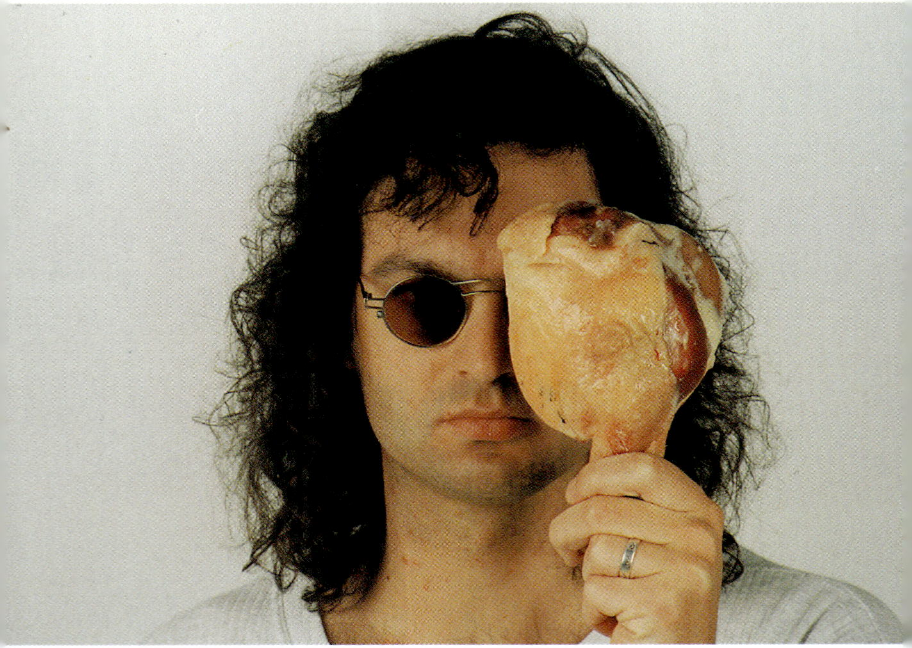

oben: **Ali** (© Guido Karp)
unten: **Mathias** (© C. Rackow)

Küche Thomanerchor (© C. Rackow)

oben: »Alles nur geklaut - Tour«: Autor Jürgen Retiet in der Mitte; unten: Die Prinzen: live (© J. Retiet)

oben: (© Faistauer)
unten: (© C. Rackow)

oben: Die Prinzen mit ihrer CD »Alles mit'm Mund« (© C. Rackow)
unten: New York, New York … (© Bernd Auers)

Anziehsachen aus dem Schrank suchte und aufs Bett legte, konnte ich sicher sein, daß er am Frühstückstisch etwas anderes trug«, erzählt die Mutter lachend.

Je älter Jens wurde, desto mehr nahm sein Faible für Süßigkeiten ab und für Fleischgerichte zu. Das Grill-Fieber packte ihn und steckte auch den Rest der Sippe an. Logisch, daß bei den Sembdners seitdem ein Grill parat steht und vor allem im Sommer regelmäßig Fleischiges über den Kohlen schwitzt.

Übrigens ist Kochen im Hause Sembdner keineswegs Frauensache. Vater Karl-Heinz wurde nämlich zu Armeezeiten in die Küche beordert und eignete sich dabei hervorragende Kenntnisse an, von denen sein Umkreis noch heute profitiert. Die Eierschecken à la Sembdner senior sind derart beliebt, daß sogar die benachbarten Bäcker nach dem Rezept fragen – was dem Urheber keineswegs aus Boshaftigkeit nicht einfällt; er kann's einfach nicht genau sagen. »Mengenangaben sind mir fremd«, erklärt er, »ich bereite die Schecken immer nach Fingerspitzengefühl zu.« Fest steht: Pudding muß drin sein, Cognac muß drin sein, Quark muß drin sein. Und alles auf Mürbeteig, nicht auf Hefe (wobei wir unwillkürlich wieder an James Bond denken müssen!). Für Kartoffelsalat hat Karl-Heinz Sembdner ein ebenso geschicktes Händchen.

Vielleicht liegt das Kochen der Familie im Blut. Mutter Erika weiß, daß auch Prinz Jens und seine Freundin Silva das Zepter am Herd durchaus gekonnt schwingen. Manchmal laden sie die Eltern ein und brauen was Köstliches für sie zusammen. Die sind dann immer ganz gerührt – nie geschüttelt!

Dresdner Eierschecke

Um das Rezept von Karl-Heinz Sembdners Eierschecke ranken sich Geheimnisse. Das Originalrezept aus Dresden aber ist weniger mysteriös.

Zuerst muß natürlich Hefeteig her. Wichtig bei der Zubereitung ist, daß alle Zutaten Zimmertemperatur haben; das Fett sollte weich sein. Für den Teig müssen bereitstehen: 500 g Mehl, 30–40 g Hefe, 80 g Zucker, 1/4 Liter lauwarme Milch, 80 g weiche Butter oder Margarine, 2 Eier, 1 Prise Salz. Für die Form oder das Backblech Butter oder Margarine verwenden. Zum Ausrollen: Mehl.

Los geht's: Das Mehl in eine Schüssel sieben, in die Mitte eine Mulde drücken und die Hefe hineinbröckeln. 2 Teelöf-

fel Zucker darüberstreuen und die Hefe mit 4 Eßlöffeln Milch und etwas Mehl zu einem Vorteig verrühren. Mit einem Tuch zugedeckt an einem warmen Platz 15 Minuten gehenlassen, bis die Hefemischung zur zwei- bis dreifachen Menge aufgegangen ist. Den restlichen Zucker, die restliche Milch, das Fett, die Eier und das Salz zugeben. Alles gut verkneten und so lange schlagen, bis es schreit – äh, Quatsch, bis sich der Teig vom Schüsselrand löst und Blasen wirft. Den Teig wieder zudecken und weitere 15–25 Minuten gehenlassen, bis er sich mindestens verdoppelt hat. Ein Backblech oder eine Form ausfetten. Den Hefeteig auf einer bemehlten Arbeitsfläche beliebig ausformen. Vor dem Backen nochmals 10 Minuten auf dem Blech oder in der Form gehenlassen.

Uff, das wäre geschafft! Jetzt zu den Zutaten für die Eierschecke höchstpersönlich, nämlich die Füllung und die Eiermasse. Die Füllung besteht aus 1,5 kg Quark, 3 Eiern, 100 g Zucker, 1 Päckchen Vanillezucker und 1 abgeriebenen Schale einer Zitrone. Die Eiermasse setzt sich zusammen aus 120 g Butter, 6 Eiern, 120 g Zucker, 1 Eßlöffel Mehl und 120 g Rosinen.

Für die Quarkfüllung müßt Ihr die Zutaten leicht und locker verrühren und gleichmäßig auf den Hefeteig auftragen. Nun zur Eiermasse: Die 6 Eier trennen, nämlich das Eigelb in eine Schüssel geben und mit der weichen Butter plus Zucker schaumig schlagen.

Das Eiweiß mit einer Prise Salz steif schlagen und mit 1 Eßlöffel Mehl unter das Eigelb heben. Diese Mischung über die Quarkschicht streichen. Mit Rosinen bestreuen

und etwa 45 Minuten bei mittlerer Hitze backen. Nach dem Backen den warmen Kuchen mit flüssiger Butter bestreichen.

Köstlichkeiten für den »braven« Henri

Man stelle sich vor: einen herbstlichen Samstagnachmittag, irgendwann am Anfang der 80er Jahre. Der Tisch bei den Schmidts verbreitet Gemütlichkeit, Kaffeedampf steigt aus den Tassen, Hintergrundmusik dudelt aus dem Radio. Henri kann nicht widerstehen; der Teenager greift zum vierten Mal zum Kuchenteller – noch ein Stück Quarktorte verschwindet zwischen den roten Bäckchen. Punkt 18.05 Uhr stellt Vater Helmut die Flimmerkiste an: Die zu DDR-Zeiten von oben nur still geduldete »Sportschau« aus dem Westen beschert der Leipziger Familie Fußball-Bundesliga als Dessert. – Gedanken an solche Vorabende rütteln bei Renate Schmidt auch Erinnerungen an Henris frühere Eßgewohnheiten wach. »Er war verrückt nach süßem Zeug. Ob Schokolade oder Eierschecke, er konnte nie genug kriegen.« Die Zeiten haben sich geändert. Die »Sportschau« kommt längst gesamtdeutsch über den Fernsehkanal – und Henri hat Süßigkeiten seit Jahren satt. »Vielleicht, seitdem er raucht«, mutmaßt seine Mutter. Als Knirps liebte Henri außerdem Kartoffelmus, ein paar Jahre später schwärmte er für Blumenkohl mit Sauce Hollandaise. Später schwenkte sein Geschmack um auf Nudeln mit Tomatensoße. Die Flucht ergriff der Filius dagegen vor grünen Bohnen und – zwischenzeitlich – vor fetttriefender Bratwurst.

Nach wie vor aber gilt: Der Prinz ißt für seine Leben gern. Kein Wunder, angesichts der königlichen Kochkunst von Renate Schmidt. Seit ihrer Lehre im vielgerühmten

Auerbachs Keller stand sie fast ohne Unterbrechung bis Mai 1996 in zahlreichen Küchen. Natürlich wurzelt ihr Können in den Lehrjahren in Leipzigs renommierter Gaststätte, wo schon Goethe speiste und seinen »Faust« ersann: »In Auerbachs Keller haben wir noch gelernt, Wildschweine und Rehe abzuziehen, alles wurde von der Pike auf eigenhändig zubereitet.« Später betrieb Renate mit Ehemann Helmut mehrere Gaststätten, zuletzt zauberte sie vier Jahre lang für Hotelgäste Köstlichkeiten auf den Teller; selbstverständlich immer großzügig portioniert.

Nicht zuletzt daher rührt Henris Faible für reichliche und deftige Hausmannskost wie Haxe, Gulasch oder Sächsischen Sauerbraten. Essen gilt bei den Schmidts seit ehedem als kleines Fest. »Da wird in aller Ruhe geschwatzt und geschlemmt«, so die Profi-Köchin. Solche Feiern mit Henri bekamen allerdings Seltenheitswert: Erst war er als Thomaner, dann als Soldat eingespannt – und nun als erfolgreicher Pop-Musiker und Vize-Präsident der Kicker des FC Sachsen. Wenn sich der Sohnemann zwischen Studiotüfteleien, Tourneen, Fußballplatz und eigenem Familienleben mit den Eltern trifft, gehen alle lieber zusammen essen, »da haben wir mehr Zeit füreinander«. Wäre die nicht so knapp, »dann gäb's bei uns zu Hause wohl Klöße und Rouladen. Die mag Henri am liebsten mit Gehacktem drin«, verrät die Mutter. Besucht sie ihren Sohn und dessen Anhang, beglückt sie alle mit ihrem beliebten Kartoffelsalat; Henri revanchiert sich im Sommer oft mit Fleisch vom Grill.

Beim Stichwort Tischmanieren verteilt die Mutter höchstes Lob. »Henri hat sich immer prima benommen.« Keine

Zappeleien, kein Gequengel, kein Futterneid zwischen ihm und Bruder Andre. »Jeder hatte ja sowieso genug auf dem Teller«, sagt sie und zwinkert mit den Augen.

Auch an fremden Tischen glänzte Klein Henri mit vorbildlichen Eßsitten. In seine Manieren-Historie ging ein bestimmter Abend in einem Leipziger Restaurant ein: Henri war pappsatt, als ihm plötzlich die Bedienung einen Kompott vor die Nase setzte. Bestellt vom älteren Herrn nebenan – mit der Begründung: »Weil du so brav alles aufgegessen hast.«

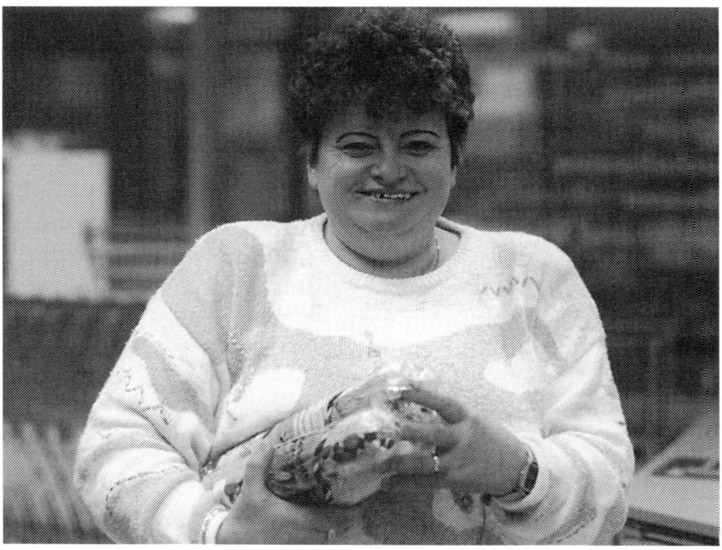

Rehpfeffer

für 3–4 Personen

Bei Rehpfeffer handelt es sich keinesfalls um ein Gewürz aus dem Wildpark, sondern um eine Art Rehgulasch, die Henris kochbegnadete Mutter aus dem Handgelenk zaubert. Keine Angst: Euch gelingt es auch!

Nach erfolgreicher Pirsch müßt Ihr 750 g Rehschulter ebenso in Würfel schneiden wie 250 g Schweinebauch (igittigitt? – Muß aber sein, weil Rehfleisch sehr mager ist). Den Schweinebauch anbraten, dann die Rehschulter mit Salz, Pfeffer, zerdrücktem Knoblauch (1–2 Zehen) und 1 Eßlöffel Mehl dazugeben. Eine große, feingewürfelte Zwiebel darf nicht fehlen. Alles anschmoren und bräunen lassen. Danach 1 Eßlöffel Zucker und 5 Eßlöffel zerkrümeltes Schwarzbrot einstreuen, umrühren und weiterbraten. Jetzt ein Fläschchen guten Rotwein öffnen, kosten – gut? Dann 1/2 Liter an das nüchterne Fleisch gießen; 3 Lorbeerblätter und 3 Nelken ebenfalls in den Topf. Ab damit in die Backröhre, für etwa eine Stunde. Eventuell nach 30 Minuten ein bißchen H_2O nachfüllen. Zum Schluß mit etwas Senf abschmecken. Dazu, ganz klar, Klöße und Rotkohl.

Innereien gingen Wolfgang an die Nierchen

Perfektionist war Wolfgang wohl schon immer. Bei den Prinzen gilt er als »unser Ober-Obergenie«, wie Band-Kollege Tobias ihn tituliert. Stundenlang feilt das Superhirn im Studio an den Songs. Und wenn die Mit-Monarchen die Einspielung längst einverständlich abnicken, findet Wolfgang noch ein Haar in der Klang-Suppe. Sind die Bässe vielleicht eine Spur zu »mulmig«? Müssen die Keyboards einen Tick mehr in den Vordergrund? Er dreht hier am Knöpfchen – und höre da –, jetzt kommt der Sound optimal! Ohne Frage ist Wolfgangs Feingefühl ein Garant des Prinzen-Erfolgs.

Auch bei Essens-Angelegenheiten setzte er bereits als Dreikäsehoch I-Tüpfelchen auf die Atmosphäre, wie seine Mutter zu berichten weiß, »denn neben der Mahlzeit mußte auch das Ambiente stimmen«, sagt Brigitte Lenk. So holte sich Wolfgang manchmal seinen Blumenstrauß aus dem Kinderzimmer und garnierte den Tisch mit einer Kerze. »Es war eine wahre Wonne, ihm dabei zuzuschauen, er hat das Essen dann um so mehr genossen«, so die gerührte Mutter. Besonders gern verzehrte Wolfgang Rouladen, und dazu bereitete Brigitte Lenk verschiedene Arten von Gemüse, die der Bekochte formschön auf dem Teller verteilte – immer von allem ein bißchen, Vielfalt war Trumpf! Vielleicht wurzelt die Liebe zum Detail in Wolfgangs Zeit als Thomaner. »Wenn er am Wochenende nach Hause kam, wollte er es am Tisch immer schön haben, Gemütlichkeit ging ihm über alles.«

Trotz seiner speziellen Vorstellungen erlebte ihn keiner in der Familie als Nörgler. Wolfgang zeigte sich beim Speisen immer genügsam und spachtelte vergnüglich alles, was die Mutter an Köstlichkeiten aufbot, in sich hinein. Lediglich Innereien gingen ihm an die Nieren, und Frau Lenk richtete ihren Menü-Plan danach. Als Wolfgangs Bruder bei einem dreiwöchigen Urlaub täglich Nierchen mit Kartoffelpüree aß, hielt Wolfgang dagegen, indem er jeden Tag Omelette mit Früchten orderte. Damals muß er wohl seinen Bedarf an Süßspeisen für Jahrzehnte gedeckt haben, denn heute hält er sich damit etwas zurück.

Unter den beiden Geschwistern gab's übrigens nie Ärger, was Brigitte Lenk noch heute wundert: »Auch die Mahlzeiten liefen immer sehr harmonisch ab. Unsere Kinder waren und sind ein Herz und eine Seele.« An den Tischmanieren ihres nun berühmten Stammhalters hatten die Eltern nie etwas auszusetzen; höchstens beim gemeinsamen Tafeln mit den Großeltern zappelte er ab und an nervös herum. »Nach dem Essen blieben wir immer lange am Tisch sitzten, um in Ruhe zu schwatzen«, klärt Brigitte Lenk auf, und das langweilte Klein Wolfgang natürlich schrecklich.

Und wie beurteilt sie die Kochkunst ihres Sohnes? »Zur Not könnte er sich bestimmt selbst ernähren«, glaubt sie, fügt jedoch augenzwinkernd hinzu: »Vielleicht wäre er aber viel zu faul und zöge ein Restaurant vor.« Außerdem lockt ja nach wie vor die Spezial-Leckerei aus dem (Eltern-) Hause Lenk. Grießklöße nämlich, serviert mit schmackhafter Gemüsebrühe – genau die richtige Nervennahrung fürs »Ober-Genie«!

Gemüsetopf mit Grießklößchen

Das Lenksche Hausrezept könnt auch Ihr auf den heimischen Teller holen. Folgende Zutaten gelten für 4 Personen: Ein gutes Pfund Suppenfleisch vom Rind (ein schlechtes Pfund wäre halt schlecht) wird in 1,5 Liter kochendes, gesalzenes Wasser gelegt. Dazu kommt 1 Bund geputztes, kleingeschnittenes Suppengrün sowie 1 Zwiebel, 1 Lorbeerblatt, 5 Gewürzkörner und 5 Pfefferkörner. Alles 1 Stunde kochen lassen.

Grießklöße: 250 ml Milch werden mit 50 g Butter und einer Prise Salz aufgekocht. 100 g Grieß werden eingestreut und ständig verrührt. Bald bildet sich ein dicker Grießkloß am Rührlöffel. Dann müßt Ihr den Topf sofort von der Kochplatte nehmen, 1 Ei dazugeben und verrühren. Wenn die Masse fast kalt ist, ein zweites Ei und eine Prise Muskat und Pfeffer untermischen. Beiseite stellen.

Jetzt putzt Ihr etwas Gemüse. Das können beispielsweise 1 kleiner Blumenkohl, 1 Bund Möhren, 100 g Erbsen und 1 Kohlrabi sein. Das Suppenfleisch aus der Brühe nehmen. Die Fleischbrühe durch ein feines Sieb in einen großen Topf gießen. Das Gemüse dazugeben und alles bißfest kochen. Das Suppenfleisch in Würfel schneiden und zur Suppe geben. Von der Grießmasse Klößchen formen und in siedendem Salzwasser etwa 10 Minuten ziehen lassen. Grießklößchen ebenfalls zur Suppe geben. Gehackte Petersilie darf nicht fehlen – als Dekoration und Vitaminstoß!

Die Chorschüler

Angst vor fliegenden Untertassen

»Wer sich übergibt, zahlt zwei Groschen.« Jawoll, auf Disziplin legten die Erzieher des Thomanerchors schon immer gesteigerten Wert – wie diese Anordnung aus dem 17. Jahrhundert beweist. Solchen Drill in der traditionsprallen Schule fanden und finden natürlich viele Schüler zum Kotzen. Damals wie heute gilt: Schlägt einer über die Stränge, hat er mit Strenge zu rechnen. Ein Thomaner-Frischling bekannte noch Ende '96: »Die knechten uns hier richtig!« Wer heutzutage Mist baut, bekommt einen Strich auf die Vergehensrechnung, bei vier Strichen muß beispielsweise der Dachboden geschrubbt werden – »und der ist schrecklich staubig«, erzählte jener kleine Schüler. Harald Ladewig, Alumnat-Leiter beim Thomanerchor, betont allerdings: »Es geht dabei nicht um Schikane, sondern um Belehrung. Eine so große Gemeinschaft funktioniert ja nur, wenn die Regeln befolgt werden.«

Mit solchen Regeln kamen auch die Prinzen in Berührung – obwohl man sich die frechen Pop-Monarchen heute nur unter heftigem Schmunzeln als brave, gescheitelte Knirpse im dunklen Anzug und mit schüchternem Blick vorstellen kann. Immerhin ebnete die Chorschule den Jungs den Weg zur großen Karriere. Die Stimmbänder von Henri, Wolfgang, Tobias und Sebastian brachte der

Leipziger Thomanerchor auf Trab, Jens kletterte die Tonleiter im Dresdner Kreuzchor hoch und runter.

Die Ära als Gesangs-Eleven kramt bei dem Quintett Erinnerungen an eine Menge Spaß aus, aber dazu die unleugbare Erleichterung, nach dem Abitur endlich aus dem Internat verschwinden zu können. »Als ich mit 19 bei der Armee war, hab' ich mich allerdings schnell wieder nach den Chorzeiten gesehnt«, gibt Tobias zu. In Sachen Essen kann sich dennoch kein Prinz beschweren. »Fast alles, was auf den Tisch kam, war klasse!« so der fünfstimmige Tenor. »Montags gab's immer wunderbare Hefeklöße«, berichtet Sebastian und vermutet dahinter Kochpsychologie: »Ein Schmäuschen zum Wochenstart motiviert natürlich ungemein.« Auf die Köchinnen fuhr Krumbiegel junior dagegen weniger ab: »Die meisten waren echte Drachen.«

Als das Kindergefistel den Männerstimmen wich, kamen die Prinzen auf ganz andere Art mit Essens-Angelegenheiten in Kontakt: »Wer im Stimmbruch war, mußte Brötchen holen, während die anderen sangen«, erzählt Tobias und beschreibt malerisch die dunstigen Morgenstunden, in denen er schläfrig-verträumt mit dem Handkarren in die Sebastian-Bach-Straße loszog und mit 200 dampfenden Brötchen zurückmarschierte.

Im Speisesaal freute sich Tobias am meisten auf Linseneintopf, Bratklopse oder Jägerschnitzel; Naserümpfen schmückte sein Lausbuben-Gesicht allerdings beim Anblick von morgendlichem Milchkaffee. Standen Krautrouladen auf dem Plan, behielt er die Fleischfüllung und tauschte das Kraut gegen Nachtisch ein. Überhaupt mutierte der Spei-

sesaal bei Thomanern wie Kruzianern zur täglichen Tauschbörse. Weil Jens Königsberger Klopse so liebte, aber immer nur ein Exemplar pro Portion vorgesehen war, gab er sein Dessert ab und sammelte ein Klops-Arsenal an, das er dann fröhlich durch seinen Schlund schickte. Davon bekam er aber weniger Magenprobleme als vom Morgen-Getränk: »Den ziemlich miesen Tee haben wir ›Koma-Tee‹ getauft«, erzählt er. Favorit beim Abendessen war für Jens eine schlichte Scheibe Brot mit Gulasch. »Und wenn die Älteren vierteljährlich für Auftritte Geld erhielten, schmissen sie in der Imbiß-Bar eine Runde Broiler(*).«

Noch heute schwärmt Henri vom Sächsischen Sauerbraten aus der Thomanerküche. Kartoffeln mit Quark oder Eier in Senfsauce aß er dagegen widerwillig: »Die Eier fliegen dir beim Schneiden doch ruck, zuck um die Ohren!«

Ein bißchen Schikane mußte allerdings auch beim Mampfen des Menüs sein. Benahmen sich die Chor-Neulinge aufmüpfig und fuhren ihre Ellenbogen beim Essen zu weit aus, klemmten ihnen die angehenden Abiturienten Untertassen unter die Achseln. Das Porzellan durfte nicht runterfallen, sonst gab's zusätzlichen Ärger mit dem Küchenpersonal – die Angst vor fliegenden Untertassen grassierte. Herumlümmeln am Tisch war ebenfalls tabu, auf eine gerade Körperhaltung achteten die Erzieher. »Das hat mich tierisch genervt«, erinnert sich Henri, »aber im nachhinein finde ich's okay.«

Na eben, Jungs, und außerdem nahmen's die Aufpasser nicht ganz so streng wie damals, im 17. Jahrhundert.

(*) Broiler= Synonym für Hähnchen.

Weitere Regeln für Sextaner aus dem Jahre 1634 gefällig?

- Wer den Schlüssel verliert oder stecken läßt, zahlt 4 Groschen.
- Wer die Tür offenläßt, wenn er als letzter aus dem Zimmer geht, zahlt 2 Groschen.
- Wer flucht oder laut und ungehörig spricht, zahlt 6 Pfennige.
- Wer lästerliche Reden führt, lateinisch oder deutsch, zahlt 6 Pfennige.
- Wer zu spät aufsteht und das Gebet versäumt, zahlt 3 Pfennige.
- Wer seine Schlafgelegenheit im Sommer bis um 10 Uhr und im Winter bis um 12 noch nicht aufgeräumt hat, zahlt 6 Pfennige.

Was bleibt, ist ein leiser Verdacht: Hat damals der Thomanerchor die großen Tourneen mit Strafgeldern seiner Schüler finanziert???

Der Mann, der seinen Senf dazugibt

Wäre da nicht ein ganz bestimmtes Ereignis gewesen, würde sich Helmut Krafczyk wohl kaum noch an Jens Sembdner erinnern. Kein Wunder: Als Koch der Kreuzschule Dresden hat der Mann schon Tausende von Sängermägen versorgt. Aber dieser eine Ausrutscher des späteren Prinzen machte tagelang die Runde im ehrwürdigen Gebäude an der Elbe. Beim Erzählen setzt sich ein verhaltenes Schmunzeln in Krafczyks Mundwinkel: »Jens wurde einmal schlafend auf dem Kohlenhaufen gefunden. Er hatte mächtig einen über den Durst getrunken und war dort eingenickt.« Angeschwärzt hat ihn dafür keiner – das besorgten schon die abfärbenden Heizmittel.

Sicher jammerte der verkaterte Jens am Morgen danach über heftiges Pochen an den Schläfen – über lieblos geköcheltes Essen konnten er und die anderen Chorknaben sich aber nicht beklagen. Krafczyk & Co. mühten sich an Herden und Töpfen, um den Jungs ihre kulinarischen Favoriten aufzutischen. »Immer gern gegessen wurden Krautrouladen, Kartoffelpuffer mit Apfelmus, Knödel und Quarkkeulchen«, berichtet der Küchenleiter, »überhaupt viel Süßes.« Absoluter Renner war Möhrensalat mit Rosinen und Äpfeln. Logisch, daß die Gesangstalente auch mal in saurere Äpfel beißen mußten: Der Koch kannte die allgemeine Abneigung gegen Grützwurst – gefürchtet unter den Sondernamen »Tote Oma« oder »Verkehrsunfall«. Auch Leberknödel galten als ungeliebte Sättiger.

Alles kam frisch auf den Tisch, und auch heute noch setzt sich Krafczyk dafür ein, daß der Kartoffelbrei für Puffer selbst gemacht und nicht etwa als Tiefkühlkost gekauft wird. In der »Sembdner-Ära« gab's sowieso nur einen, der dem Küchenmeister in den Speiseplan redete. Der hieß Martin Flämig und amtierte von 1971 bis 1990 als Kreuzchor-Kantor. Für ihn galt Senf als arger Feind der Stimmbänder seiner Zöglinge, deshalb wurde der aus der Kantine verbannt – zumindest offiziell. »Aber eine Wurst ohne diese Zutat ist doch etwas Schreckliches«, fand und findet Helmut Krafczyk. Deshalb gab er trotzdem seinen Senf dazu. Heimlich natürlich. »Die Älteren durften sich an der Ausgabe einen Löffel nehmen. Die waren in der Sängerhierarchie ganz oben und hatten einige Privilegien.«

Manche Vorrechte genossen alle Kruzianer – zum Beispiel in (krummer) Form einer Banane, zu DDR-Zeiten bekanntermaßen nicht selbstverständlich. Das Größte waren für Jens und Kollegen die Konzertreisen, die auch ins »kapitalistische Ausland« führten – für viele Bürger damals tabu.

Krafczyk führt uns durch die weißgekachelte Küche, über deren eingeschäumten Boden das Personal gerade die Schrubber sausen läßt. Ringsherum eine Ansammlung von Töpfen, Schüsseln, Dosen, Kellen, Regalen, Thermoskannen, Trockentüchern. Der Speisesaal: ein Abbild traditionsstrotzender Kreuzchor-Vergangenheit. Ein schwarzes Klavier hockt auf spurenreichem Parkett, umgeben von edler Holzverkleidung, beleuchtet von blütenkelchförmigen Leuchten. Ein uralter verzierter Kachelofen, wunderschöner Stuck... Nur Gestühl, Tische und Ausga-

betheke für die derzeit etwa 170 Kruzianer sind neu. Ein bißchen stolz streicht sich der Koch durch den rotblonden Vollbart. Hier also hat Jens gekaut, geschluckt, Nachtisch gegen die geliebten Klopse getauscht.

Amüsiert schaut Krafczyk durchs große Fenster auf den benachbarten Park. »Der ist sehr beliebt bei den Schülern. Ein guter Platz für Rendezvous mit Mädchen, weit weg von den Blicken der Lehrer.«

Schon lange weiß der geborene Dresdener (Jahrgang 1950) um den heimlichen Treffpunkt der ständig wechselnden Chormitglieder. Im Januar 1997 feierte er sein 20jähriges Dienstjubiläum. Krafczyks Arbeit beschränkt sich aber nicht auf Planung und Koordination des Küchengeschehens. Gelegentlich stellt er sich selbst an den Kochtopf. Das Gericht, an dessen Zubereitung er keinen anderen dran läßt, heißt Linsen und steht bei Schülern wie Personal hoch im Kurs. Der Chef kennt Kniffe, wie die Hülsenfrüchte besonders gut schmecken. »Das gewisse Etwas liegt nicht, wie viele glauben, am Essig«, verrät er. Es liege am Senf. Ganz viel Senf. Und der ist ja – gottlob – wieder erlaubt.

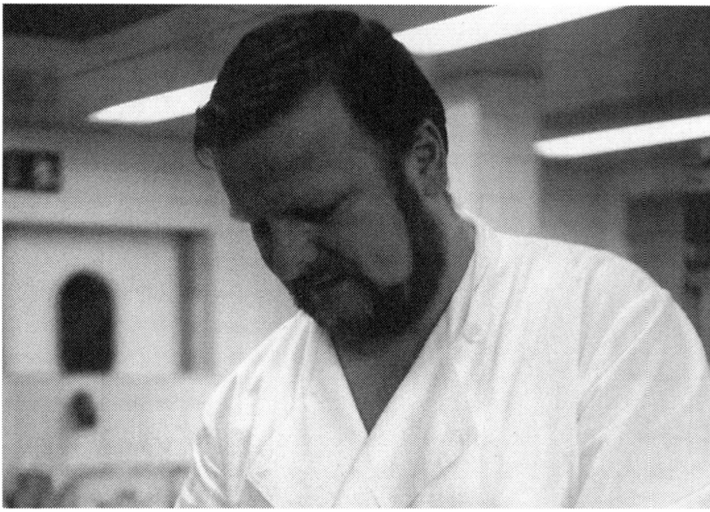

Leckeres (nicht nur) für Kreuzschüler

An dieser Stelle verrät Kreuzchor-Chefkoch Jürgen Krafczyk die hauseigenen Rezepte zu den Lieblingsspeisen »seiner« Schüler. Konsequenterweise in Mengenangaben für 170 Kinder! Falls Ihr sie nachkochen wollt, hilft nur eine riesengroße Party – oder der Griff zum Taschenrechner, der das Ganze auf die gewünschte Personenzahl umtüftelt.

Ein typisches Montagessen:

Quarkkeulchen

10,2 kg Quark
15,3 kg Pellkartoffeln
4,2 kg Mehl
2,1 kg Grieß
18 Eier
0,750 kg Rosinen
1,1 kg Zucker
Öl zum Braten

Zubereitung: Kartoffeln pellen und passieren (das bedeutet: durch ein Passiersieb streichen, damit die Kartoffeln schön zermust werden). Alle Zutaten zu einem Teig kneten und formen. Und ab in die Pfanne.

Zum Wochenstart ebenfalls altbewährt:

Kartoffelpuffer

27,0 kg Kartoffeln
30 Eier
5,0 kg Mehl
4,0 kg Quark
2,0 kg Haferflocken
1,7 kg Zwiebeln
Fett zum Braten

Zubereitung: Kartoffeln reiben, restliche Zutaten darunter mischen und Puffer im Fett backen.

Seit jeher beliebteste Sättigungsbeilage bei den Kruzianern:

Böhmische Knödel

17,0 kg Mehl
6 Liter Milch
17 Eier
0,350 kg Hefe
3,0 kg Semmel
Salz (Prise)

Zubereitung: Mehl, Milch, Eier, Salz und aufgelöste Hefe zu einem Teig verarbeiten. Teig zugedeckt und temperiert gehenlassen. Kleine Semmelwürfel unter den Teig mengen, Teig in Laibe formen und über Dampf bzw. in kochendem Salzwasser gar ziehen lassen. Laibe portionieren.

Und hier die begehrten

Kochklöpse mit Kapernsauce

Kochklöpse:

6,8 kg Rinderbug ohne Knochen
6,8 kg Schweineschulter ohne Knochen
17 Eier
0,850 kg Semmel
1,7 kg Zwiebeln
Kümmel, Pfeffer und Salz zum Würzen

Zubereitung: Aus Fleisch und den Zutaten eine bindende Masse bereiten. Klopse formen und in leicht gesalzenem Wasser köcheln.

Kapernsauce:

5,1 kg Suppenknochen
1,4 kg Mehl
1,0 kg Butter
0,8 kg Kapern
1,2 kg Wurzelgemüse
0,8 kg Zwiebeln
Zucker, Essig und Salz zum Würzen und Abschmecken

Zubereitung: Suppenknochen, Wurzelgemüse und Zwiebeln zur Brühe ansetzen. Helle Schwitze aus Butter und Mehl bereiten und mit Brühe glattkochen. Mit Zucker und Essig abschmecken und dann die Kapern darunterheben.

Zu Zeiten von Jens nicht so beliebt, aber sehr preiswert:

Eierfrikassee

255 Eier
5,1 kg Suppenknochen
1,2 kg Wurzelgemüse
1,0 kg Butter oder Margarine
0,6 kg Zwiebeln
1,4 kg Mehl
4 Liter Milch
2,0 kg Erbsen, Feinfrost
2,0 kg Möhren, Feinfrost
Essig, Zucker, Salz und frische Kräuter zum Abschmecken

Zubereitung: Die Brühe ansetzen. Die Eier schnittfest kochen, abschrecken, pellen und in große Würfel schneiden. Schwitze bereiten, mit Brühe glattkochen und Milch auffüllen. Die Eierwürfel und das gedünstete Gemüse darunter heben. Mit Essig, Zucker, Salz und den frischen Kräutern abschmecken.

Geruchstarke Streiche der Milchbubis

Die Prinzen hatten's schon als Thomaner faustdick hinter den Ohren. Harald Ladewig, Leiter des Alumnats, fallen gleich reihenweise Streiche ein, hinter denen meist Tobias und Sebastian steckten. So mißbrauchten die Lümmel im Speisesaal die Wachstuch-Tischdecken: »Den herunterhängenden Rand knickten sie zu Rinnen um und schütteten Milch hinein. Die bahnte sich einen Weg entlang der Tafel, und dem letzten in der Reihe schwappte das Zeug auf die Hose«, verrät Ladewig. Was für ein Spaß!

Unersättlich, wie Sebastian schon immer war, ging er zu den verordneten Schlafzeiten mit seinen Kumpanen auf Nahrungs-Pirsch. Mit stets neuen Tricks schlich er sich in die Küche und plünderte den Kühlschrank. Oft tappten die Erzieher bei der Täter-Fahndung im Dunkeln, doch gelegentlich entlarvten sie Krumbiegel & Co. als Frevler, und es hagelte Strafarbeiten wie Flurputzen oder Aufsätze schreiben. »Tobias und Sebastian zählten zu den Paradiesvögeln unter den Schülern«, befindet Ladewig, »sie paßten in keine gängige Schablone, waren immer kritisch. Und«, so fügt er an, »das war auch gut so. Sie haben die Atmosphäre auf ihre Art belebt.«

Faxen machen fördert anscheinend den Hunger. Sebastian war dafür bekannt, daß er mittags hohe Speise-Hügel auf seinen Teller türmte und keinen Krümel liegen ließ. Nachmittags verputzte er Schnitten wie am Fließband. Tobias langte ebenfalls kräftig zu, während Henri und Wolfgang sich auf Durchschnittsportionen einpendelten.

»Die beiden waren ohnehin eher ruhige Vertreter«, erinnert sich der Alumnat-Chef, wobei Henri sich den Ruf als Klasse-Fußballer erwarb.

Mit Hochachtung spricht Ladewig von der damaligen Köchin: »Ingrid Görner arbeitete unermüdlich, mit Leib und Seele. Ihr Pudding war ein Gedicht«, schwärmt er. Unter ihrer Regie kam stets frisches Gemüse auf die Tische, Linseneintopf erfreute sich großer Beliebtheit. Die Frau galt jedoch auch als rigoros und stauchte schon mal unartige Thomaner kräftig zusammen. Denen untersagten die Thomaskantoren übrigens jahrelang den Verzehr von Eis: »Nachteilhaft für die Stimmbänder«, hieß es.

Ladewig selbst (Jahrgang 1943) arbeitet seit 1976 in der traditionsreichen Lehrstätte – bis 1984 als Erzieher. Die Rolle des Alumnat-Leiters vergleicht er mit dem sprichwörtlichen »Mädchen für alles«: Ladewig regelt organisatorische Belange, lehrt an der Thomasschule Physik und Astronomie, kümmert sich um schulische Probleme der Nachwuchssänger und fungiert ebenso als Seelentröster und Klagemauer. Er kennt sämtliche Bräuche – und das Insider-Vokabular in »seinem« Haus: Die Thomaner nennen sich nämlich eigentlich Thomasser, der Schrank in den Internatszimmern heißt nicht Spind, sondern Köte. Wird den meist 90 Lernenden mittags Eierkuchen vor die Näschen gesetzt, geht der Begriff »Lederhosen« um (denn angesichts von beinahe 100 Stück landet natürlich nicht jedes in frisch-weichem Zustand auf der Tafel).

Feste Sitte ist die zu Karneval abgehaltene Narrenwahl, bei der die eine Thomasser-Partei das Narrenbüro verteidigt, die andere es erobern will. »Da kommt's zu heftigem,

spaßigem Gerangel«, erzählt Ladewig. Keine Frage, daß Sebastian damals mit vollstem Einsatz mitmischte – einmal zum eigenen Leidwesen: Er plumpste mit dem Kopf auf den harten Boden und bejammerte eine Gehirnerschütterung.

Flausen haben die heutigen Chormitglieder natürlich genauso im Sinn – und dazu einen unbändigen Appetit. Bei einem Empfang von Sachsens Ministerpräsidentengattin Ingrid Biedenkopf standen die Jungs im Bediensteten-Gang Spalier. Kaum trug das Personal lecker belegte Brötchen vorbei, stürzte sich die Meute auf die Tabletts und fischte in Sekundenschnelle den Löwenanteil herunter. Sichtlich lastenerleichtert kamen die Schnittchen-Bringer bei

den anderen Gästen an, die sich mit dem Rest begnügten.

»Ach ja, da fällt mir noch eine Unart zu Sebastians Thomanerzeit ein«, sprudelt's aus Harald Ladewig heraus. Die zu DDR-Zeiten noch in Plastikbeuteln verpackte Milch nahmen die Schüler ab und zu in ihre Stuben, deponierten sie in den Köten – und vergaßen sie. Bis die gegorene Milch eines Tages aus den Tüten platzte und eine Riesensauerei anrichtete. »Überall roch es fürchterlich, wie nach altem Käse.« Und das hat nicht nur dem Alumnat-Chef gehörig gestunken …

Linseneintopf

… ließ hungrige Thomaner im Speisesaal vor Freude aufjauchzen. Das Gericht hat nicht nur in der Chorschule Tradition, sondern gehört fest auf den Speiseplan deutscher Hausmannskost. Dazu ist es auch noch sehr preiswert und gesund. Für vier Personen braucht Ihr: 500 g Linsen, 100 g mageren Speck, 1 große Möhre, 100 g Sellerie, 2 Zwiebeln, 3 Eßlöffel Mehl, 4 geräucherte Bratwürste, Brühe, Salz, Pfeffer, Essig, Zucker und 10 Pfefferkörner.

Die Linsen in 1,5 Liter Wasser über Nacht einweichen. Im Einweichwasser am nächsten Tag auf den Herd stellen. Dazu kommen 2 Eßlöffel Brühpulver aus dem Glas, 10 zerdrückte Pfefferkörner, die roh geraspelte Möhre und der Sellerie. Alles weichkochen. Inzwischen das Mehl in einer Pfanne ohne Fett braun rösten. Das abgekühlte (wichtig!) Mehl mit 1/2 Tasse kaltem Wasser anrühren. Diese Mischung zu den Linsen geben. 100 g Speck würfeln und auslassen. Die gewürfelten Zwiebeln darin bräunen. Mit 2–3 Eßlöffeln Essig ablöschen. Dieses süß-saure Speck-Zwiebel-Gemisch an die Linsen geben. Die Wurst in Scheiben schneiden, kroß braten und auf den fertigen Eintopf geben, der vorher noch mit Salz, Essig und Zucker pikant abgeschmeckt wurde. Nochmal alles warmmachen – fertig.

On Tour

Halb-Acht-Bier contra Aspirin

Es ist soweit.

Tausende von Fans versuchen mit geweiteten Augen, das Bühnendunkel zu erforschen, Bewegungen zu erhaschen. Sie postieren ihre Finger an den Schneidezähnen, jagen die Luft dazwischen hinaus und sorgen für gellende Pfiffe. Sprechchöre »Prinzen, Prinzen!« Dann schneiden Scheinwerfer die Gerufenen in blendenden Kegel aus der Schwärze – das Konzert der Majestäten beginnt, und die Anhängerschaft singt textsicher mit.

Wie immer hüpfen Sebastian und Tobias wie von der Tarantel gestochen von links nach rechts und rechts nach links, ziehen sich mit spontanen flotten Sprüchen gegenseitig auf und beziehen die Bandkollegen in ihren Schabernack ein. Keine Frage: Die Jungs sind wieder prima drauf. Ein Geheimnis für solche Lockerheit steckt in den eigenen vier Magenwänden. Denn mancher Prinz hat so seine Eß-Marotten unmittelbar vor dem Gang zu den Fans. Henri zum Beispiel genehmigt sich spätestens eine Stunde vor dem Auftritt eine mittelgroße Portion (am liebsten Fleisch), unmittelbar danach schickt er einen Magenbitter durch die Kehle. Zu einem regelrechten Ritual wurde sein »Halb-Acht-Beruhigungs-Bier«. Eine halbe Stunde vor dem Auftritt setzt sich Henri still in eine Ecke und nuckelt genüßlich an der Gerstensaftflasche. Dieser Brauch entstand 1992, als Udo Lindenberg mit den Jungs ein gemeinsames Tour-Süppchen kochte. »Alle waren furchtbar aufgeregt und meinten plötzlich, kurz vor der Stunde Null ganz asketisch leben und auf Alkohol oder Zigaretten verzichten zu müssen«, erzählt Henri. »Da hab' ich's mir aus Protest in einer Nische gemütlich gemacht und ein Bierchen getrunken – mein ›Halb-Acht-Beruhigungs-Bier‹ eben.«

In einem sind sich alle einig: zuviel Essen schadet der Bühnen-Fitneß. Tobias begnügt sich mit einer Kinderportion am frühen Abend. »Wenn ich einen großen Teller leer esse, bin ich danach zu träge.« Am liebsten läßt er sich

aus dem reichhaltigen Angebot des mitreisenden Catering-Unternehmens von allem ein bißchen zusammenstellen. Auch Gesangskollege Sebastian übt sich in kulinarischer Zurückhaltung und verdrückt vor Konzerten wenig. »Erstens wegen meiner Nervosität, zweitens, weil ich mit vollem Wanst nicht so sportlich-elegant über die Bühne gleiten kann«, erklärt er und grinst über beide Pausbacken. Die Aufregung plagt auch Wolfgang: »Ich kann höchstens eineinhalb Stunden vor einem Gig überhaupt was essen, danach krieg' ich nichts mehr runter.« (Vielleicht ist er deshalb der schlankste Monarch?)

Jens gibt sich oft mit einem leckeren Süppchen zufrieden, oder er verspeist ein leichtes, meist fleischloses Gericht. Wie bei Henri hat sich eine bestimmte Gewohnheit eingeschlichen. »Weil ich früher manchmal Kopfschmerzen bekam, nehme ich jetzt vor jedem Auftritt ein Aspirin. Irgendwie peppt mich das auf.« Bassist Mathias und Drummer Ali meiden ebenfalls volle Mägen. Das Verdauungsrumoren würde sie nur müde machen, und Ali scherzt: »Dann könnte ich nur langsam trommeln, und das Konzert wäre zwei Stunden länger.« Sein Zaubermittel, um in Fahrt zu kommen, heißt Schokolade.

Und in der Stunde danach? Da bekommt Feinschmecker Wolfgang liebend gern etwas Warmes zwischen die Zähne; doch oft geht's am selben Abend direkt zum nächsten Auftrittsort. Deshalb heizt gelegentlich die Mikrowelle die Atmosphäre im Gefährt auf, wenn Wolfgang darin eine seiner berüchtigten Käse-Variationen zubereitet. Im Tourbus locken daneben frisch geschmierte Schnittchen und die Reste des »Abendmahls« wie Schnitzel oder Bou-

letten sowie Desserts. Henri steht aufs Bus-Buffet, denn »nach dem Konzert ist Essen für mich tierisch wichtig«. Sebastian knurrt nach der Show ebenfalls der Magen im Dreivierteltakt. »Ich muß mich dann immer zusammenreißen, um nicht draufloszufressen wie ein Wilder.«

Auch Ali verputzt mehrere geschmierte Brote. Die wandelnde Enthaltsamkeit verkörpert hingegen Jens: In der Nacht ißt er meist nichts mehr. Tobias quält im Anschluß an den Bühnenstreß nur Durst. »Ein Bier kommt dann richtig gut.«

Irgendwann in der Nacht sinken die müden Helden in ihre Hotelzimmer-Kissen. Am nächsten Tag ein gemütliches Frühstück, Fahrt zur Halle, Soundcheck.

Und dann ist es wieder soweit.

Ein ausgekochter Profi

Zwischen die Drähte des elektrischen Schneebesens zwängt sich ein fettes Schlagzeug-Solo. In die Sahne fürs Zitronencreme-Dessert rührt Jens Maak dumpfes Stampfen aus den Boxen ein. Einen Eierwurf von der Behelfsküche entfernt beginnt gerade der Bühnenzauber – die Prinzen ziehen den obligatorischen Soundcheck durch. Unbeirrt von der Geräuschkulisse bereitet Jens den Nachtisch für die Crew zu. Er gehört zum Catering-Unternehmen, das die Leipziger Pop-Größen auf den Tourneen mit dem versorgt, was die Monarchen-Mägen begehren. Die Leute der Firma Kirberg köcheln da, wo sich ungezählte Prinzen-Fans nach und vor den Konzerten hinsehnen: im Backstage-Bereich.

Die angekarrte Gerätschaft atmet den Charme des Improvisierten. Ein großer, sechsflammiger Herd auf Rollen, ein Arsenal von Töpfen, Pfannen, Gewürzen, Tee, Thermoskannen, Kisten. Auf dem Tisch langweilen sich verwaiste Zigaretten, stehen Becher mit schalgewordenem Bier, wartet ein halbgegessener Toast. Dazwischen: Jens Maak. Und während die Prinzen draußen ihre Hits trällern, weiß der gelernte Koch ein Liedchen von den kulinarischen Vorlieben seiner prominenten Gäste zu singen. »Durch die Bank bevorzugen sie rustikale und gutbürgerliche Mahlzeiten«, berichtet er, »das Essen ist fast immer sehr fleischlastig.« Als da wären? Jens zählt auf: »Königsberger Klopse, Kotelett mit Senfsoße und Gemüse, Gulasch mit Spätzle und Rosenkohl, Schweinerücken mit Bratkartoffeln, Schweinshaxe.« Aha.

Schon fast ungewöhnlich erscheint es dem Profi am Herd, daß das Quintett samt Bassist Mathias und Drummer Ali kaum Sonderwünsche äußert. Bekocht er Howard Carpendale, Marius Müller-Westernhagen, BAP oder José Carreras, sieht der Speiseplan ganz anders aus. Allein schon wegen der mitreisenden Crew, die sich je nach Künstler aus vielen Nationalitäten zusammensetzt und auf ihr nationaltypisches Essen pocht. Den Prinzen hingegen muß er selten eine Extrawurst braten. »Einmal bat Wolfgang um Spinat mit Spiegeleiern, Jens wünschte sich seine geliebten Bouletten, Tobias mal eine Schweinshaxe – aber das war's auch schon.«

Wie heißt es doch? Zeig mir, was Du ißt, und ich sage Dir, wer Du bist. Die Menüs spiegeln tatsächlich Lebenseinstellung und Persönlichkeit der Berühmtheiten aus Sachsen wider: bodenständig und unkompliziert eben. Manchmal riechen die Arbeitszeiten von Köchen auf Tour nach Tortur. Meist zu zweit, sind sie zwischen 14 und 16 Stunden täglich auf den Beinen, weil sie ja neben den Stars auch die mitarbeitende Gefolgschaft beköstigen. Morgens gibt's ein opulentes Frühstück, mittags meistens Snacks, Pizza oder Salate, abends Warmes, nach den Gigs belegte Brote.

Doch Jens macht der Streß wenig aus, zumal er mit den Prinzen immer 'ne Menge Spaß hat. »Ich erinnere mich da an diverse Nächte in Hotelbars, wo wir unendlich viele Faxen gemacht und wahnsinnig viel gelacht haben. Die Prinzen sind so wohltuend normal geblieben.« Was nicht ausschließt, daß sie nicht für jede Menge Blödsinn zu haben sind: Mit dem Koch der '93er Tour, Olaf »Chaos« Dose, lieferte sich Sebastian einmal ein wildes Duell mit Spritzpistolen. Der Sieger stand nicht fest, aber das Wasser an den Leibern der zwei hätte locker für einen Mannschafts-Topf Spaghetti gereicht.

Jens blieb bei den Prinzen-Touren bislang trocken.

Wie Sebastian fährt er übrigens auf Sushi ab. Dennoch steht die asiatische Spezialität nicht auf dem Tourplan. »Die Zubereitung von Sushi sollte man den Japanern überlassen, die haben die besten Kniffe dafür drauf«, begründet Jutta Kirberg, geschäftsführende Gesellschafterin des Unternehmens.

Als ausgekochter Könner sieht Jens in Kurzgebratenem

wie schnöden Schnitzeln oder Routine-Rumpsteaks keine große Herausforderung. Die findet er eher beim Austüfteln von Fischgerichten. Zum Beispiel? »Lachs oder Steinbeißer mit Ingwer und Spitzkohl«, verrät Jens.

Was er auch immer auf den Tisch bringt, den Beköstigten schmeckt's. »Das Tour-Essen ist wirklich prima«, bekräftigt Tobias stellvertretend für alle Kollegen. Kein Zweifel: Vom Fleisch fallen wird bei Jens Maak so schnell niemand. Nicht einmal Vegetarier.

Gulasch mit Spätzle

… zählt zu den Tour-Gerichten, die Catering-Koch Jens Maak den Prinzen regelmäßig auftischt. Beginnen wir mit dem Fleischigen:

Vonnöten für 4 Personen sind 1 kg Rindergulasch, 800 g Zwiebeln, 100 g Schmalz, 1 kleine Dose Tomatenmark, 2 Knoblauchzehen, 1 Becher saure Sahne, 2 Eßlöffel Soßenbinder, 1 Teelöffel Paprikapulver, 3 Tassen Wasser, Salz, Pfeffer, Majoran, Kümmel und 4 Gewürzgurken (grob gewürfelt).

Das Fleisch in dem heißen Schmalz kräftig anbraten, dabei mehrmals umrühren. Die grob gewürfelten Zwiebeln dazugeben. Alles weiterbräunen, dann Tomatenmark und Paprika kurz mitrösten lassen. Anschließend salzen, pfeffern, Kümmel und Majoran zugeben. 2 Tassen Wasser zugießen und weiterschmoren lassen. Die Hitze dabei reduzieren. Im Verlauf des Garprozesses Wasser nachfüllen. Bevor das Fleisch weich ist, Gurken zugeben. Wenn's weich ist, muß die saure Sahne mit dem Soßenbinder verquirlt werden; beides kurz aufkochen.

Gulasch plus Soße sind fertig, jetzt geht es weiter mit Spätzle. Die schwäbische Nationalspeise ist eng verwandt mit der gemeinen Nudel. Hausgemachte Spätzle sind bei vielen Feinschmeckern begehrt. Mit einer Spätzlepresse oder einem Spätzlesieb ist die Herstellung recht leicht. Besonders vollwertig sind sie aus Vollkornweizenmehl. Zutaten für 4 Leute: 400 g frischgemahlenes Vollkornweizenmehl, 4 Eier, Salz und 1/8–1/4 Liter Wasser.

Aus dem Mehl, den Eiern, Salz und etwas Wasser einen

dickflüssigen Teig rühren – das Wasser in kleinen Mengen zugießen, damit der Teig nicht zu dünn wird. Den Teig schlagen, bis er Blasen wirft, und zugedeckt 10 Minuten quellen lassen. Nach 10 Minuten noch einmal durchrühren, notfalls noch etwas Wasser zufügen. In einem hohen Topf reichlich Salzwasser zum Kochen bringen. Eine Spätzlepresse kurz ins kochende Wasser tauchen, zu 2/3 mit Teig füllen und diesen in das Wasser drücken. Wenn die Spätzle an die Oberfläche kommen, einmal umrühren, kurz aufwallen lassen und mit einem Schaumlöffel (einem großen flachen, gelöcherten Schöpflöffel) herausheben. In einer vorgewärmten Schüssel warm halten, bis alle Spätzle fertig sind.

Stefan Raab: Mett ist nett!

Am anderen Ende der langen Leitung meldet sich Tobias Künzel: »Stefan, wir müssen unbedingt kommen«, kündigt der Prinz telefonisch an, »unser Mettspiegel ist dramatisch gesunken.« Stefan Raab hat verstanden. Der Mann weiß, was zu tun ist: Kurz bevor die Prinzen nach ihrem Flug von Leipzig nach Köln vor seinem Tonstudio stehen, flitzt er zum Laden seiner Eltern und besorgt ein Riesentablett voll von den fettigen Lebensrettern für Tobias, Sebastian, Wolfgang, Jens und Henri. Hinter der Top-Qualität des Prinzen-Albums »Alles mit'm Mund« steckt nämlich nicht allein das Ergebnis von stundenlangem Spielen, Texten, Schwitzen, Streiten, nochmal Spielen und nochmal Streiten und nochmal Schwitzen – nein, hinter der Perfektion der CD verbergen sich Berge von Mettbrötchen mit Zwiebeln, die sich die Prinzen mit Hochgenuß einverleibten! Die Leckerbissen karrte Stefan zu den Produktionsarbeiten regelmäßig aus der benachbarten Metzgerei seiner Eltern heran. Bei seinen Erzeugern hatte Multitalent Raab sogar eine Metzgerlehre absolviert (und mit der Note »sehr gut« abgeschlossen!), bevor seine Karriere als Barde, Fernseh-Schreck und Allround-Musiker ihren unaufhaltsamen Lauf nahm.

Stefan tüftelt ungezählte Werbe-Jingles aus, witzelt als schlagfertiger Moderator beim TV-Musikkanal VIVA, nahm mit seinem Hit »Böörtie Böörtie Vogts« den Fußball-Bundestrainer auf die Schippe, verkündete mit Bürger Lars

Dietrich »Hier kommt die Maus« – und er machte bei einer »Vivasion«-Sendung die Bekanntschaft mit den Leipziger Pop-Monarchen. Das hatte Folgen, sowohl für die Nachfrage an Mettbrötchen in der elterlichen Metzgerei als auch für den nächsten Prinzen-Coup: Stefan produzierte in seinem Studio in der Domstadt fünf der dreizehn Titel von »Alles mit'm Mund«.

Nicht nur musikalisch, auch kulinarisch zeigten sich die Fünf und der Eine hervorragend abgestimmt: Stefan Raab liebt deutsche Hausmannskost! Wenn alle nach getaner Arbeit an der neuen Platte richtig platt waren, ging's abends in eine urige Kölner Gaststätte. »Den Prinzen hat vor allem die Gulaschsuppe hervorragend geschmeckt. Danach bestellten sie meistens Deftiges wie Grillhaxe oder Leber«, berichtet Stefan. Er selbst verspeist in seinem Stammrestaurant mit Vorliebe Nürnberger Bratwürstl. Und obwohl er ausgewiesener Rheinländer ist, verschmäht er den landestypischen Rheinischen Sauerbraten. Dafür schwört Raab auf die Wirsingrouladen seiner Oma (»absolut einmalig«) und Reibekuchen mit Apfelmus. Mit dem Selberkochen hält er's unregelmäßig; ab und an haut er ein Stück Steak in die Pfanne. Italienische Gerichte hingegen ist er inzwischen leid: »Daran hab' ich mich überfressen.«

Er kreierte nicht nur Werbe-Jingles für bestimmte Magenfüller wie Burger King oder Langnese, er fährt zudem auf die Produkte völlig ab. »Ich bin ein großer Freund des Fast food, so ein saftiger Burger ist was Feines.« Auch Eiszeiten brechen regelmäßig bei ihm an, »ich kann dann gar nicht mehr aufhören«. Und die Kalorien? Auf seine Linie muß Stefan glücklicherweise nicht achten; seit Jahren trägt er konstant 79 Kilo mit sich herum.

Obwohl er sich als Genuß-Mensch bezeichnet, ist Stefans Verhältnis zum Essen zwiegespalten. Am liebsten mag er's, wenn zum Gaumen- der Augenschmaus dazukommt: »'ne Mahlzeit mit einer schönen Frau ist natürlich etwas Herrliches«, bekennt er mit schelmischem Unterton. Ansonsten bedeutet Essen für Stefan pure Nahrungsaufnahme. »Manchmal grenzt es an Zeitverschwendung. Ich fege mir ruck, zuck irgendetwas rein und Schluß.« Die große und bedeutsame Ausnahme stellt das Frühstück dar. Das zelebriert der Kölsche Jung eine gute Stunde lang – vielleicht auch, weil es oft ein *Spätstück* ist: »Manchmal arbeite ich bis morgens um 6 in meinem Studio und esse dann erst gegen Mittag.«

Es kommt schon mal vor, daß der unstete Stefan auch unmittelbar nach dem Aufstehen arbeitet. Danach sieht sein kulinarischer Einstieg in den Tag anders aus: Er besorgt sich Mettbrötchen mit Zwiebeln – »von meinen Eltern natürlich«. Was tut man nicht alles für einen ausgewogenen Mettspiegel ... Tobias, ab nach Köln!

Frühstück nach Raabscher Art

Ob nun Früh- oder Spätstück – für Stefan Raab spielt die erste Mahlzeit des Tages eine außerordentlich wichtige Rolle. Jetzt also alles, was beim Prinzen-Kumpel auf den Tisch kommt, damit ihm möglichst viele schrille Einfälle in den Hintersinn kommen (und Euch vielleicht auch!):

Energie tankt Raab mit gleich zwei Gläsern frischgepreßtem Orangensaft, damit er nicht vom (Frucht-)Fleisch fällt. Und weil viel Flüssigkeit uns ja schon der Onkel Doktor empfiehlt, leert Stefan neben dem Essen eine ganze Kanne Fencheltee! »Das ist wirklich wahr«, schwört er gegenüber Ungläubigen. Fest zum Frühstücksmenü gehören auch zwei weichgekochte Eier. Sein Favorit: frischgetoastetes Graubrot. Darauf schmiert er geräucherte Leberwurst und krönt das Ganze mit dick geschnittenen Scheiben französischer Ringsalami (aus der Metzgerei seiner Eltern natürlich). »Und gelegentlich esse ich unheimlich gern getoastetes Graubrot mit Tomate, Salz und Pfeffer.« Na dann, schönen Tag noch!

Essen nach Lust und Lyrics

Essen geht nicht nur durch den Magen, sondern fließt auch in die Schreibfeder. Nur logisch also, daß es in den Songtexten der Prinzen in schöner Regelmäßigkeit ums Mampfen geht. Ein paar Kostproben neuer und alter Monarchen-Scheiben beweisen: Aus den Lyrics lassen sich im *Prinz*-ip gute Rezepte ableiten.

Huhn in Weißweinsauce

Rezept zu »Alles mit'm Mund«: »... ob Du dick bist oder dünn bist, ob Du Hahn bist oder Huhn ...«

(Von der CD ALLES MIT'M MUND)

Für 2 Personen stellt Ihr bereit: 1 Hähnchen, 1/4 Liter Weißwein, 200 g Champignons, 2 Eßlöffel Butter, 1 kleine Zwiebel, 1/8 Liter Sahne, 2 Eßlöffel Öl, 1 Eßlöffel Mehl, 1/4 Liter Brühe, 1 Knoblauchzehe.

Das Hähnchen in 8–10 Stücke zerteilen (am besten mit Geflügelschere), salzen und pfeffern. Das Fleisch in 2 Eßlöffeln Butter und 2 Eßlöffeln Öl rundum anbraten, danach herausnehmen und den Bratensatz mit 1/8 Liter Weißwein aufköcheln. Wenn der Wein eingekocht ist, 1 kleingehackte Zwiebel und eine Zehe zerriebenen Knoblauch darin anschwitzen. 1 Eßlöffel Mehl einstreuen. Mehl leicht bräunen lassen und mit einem weiteren 1/8

Liter Weißwein und soviel Brühe ablöschen, daß eine dickliche Sauce entsteht. Hühnerstücke einlegen und 20 Minuten auf kleiner Flamme kochen. Die Champis putzen, in Scheiben schneiden und mit der Sahne noch 10 Minuten in der Sauce kochen. Mit Salz und Pfeffer abschmecken.

Hühnerfrikassee

Rezept zu »Die Vögel«: »Ein Hahn, er flog nicht, nein, per pedes, kam neulich unter 'nen Mercedes. Das Auto hat ihn totgemacht – der Fahrer hat nur leis gelacht … und an ein Frikassee gedacht.«

(von der CD DAS LEBEN IST GRAUSAM)

Kochen kann beflügeln, also frisch ans Werk, um 3–4 Mägen zu füllen: Ihr nehmt 1–2 tote Hühner, in gepflegtem Ostdeutsch auch »Broiler« genannt, natürlich gerupft und ausgenommen. Die werden in einem großen Topf mit viel Wasser, Salz, 1 Bund Suppengrün, 2 Lorbeerblättern, Pfeffer und Gewürzkörnern sowie 1 Zwiebel nicht zu weich gekocht (mit Gabelstichen testen). Anschließend die beiden schrägen Vögel erkalten lassen und das Hühnerfleisch in Würfel schnippeln. Die Hühnerpelle müßt Ihr nicht nehmen – manche Mitesser ekeln sich davor (in Einzelfällen wurden schon Gänsehäute beobachtet).

Jetzt 200 g Champignons, 300 g Spargel, 300 g Gehacktes, 1 Becher Sahne, 1 Gläschen Kapern, Weißwein, Butter, Mehl, Pfeffer, 2 Eier, Semmelbrösel bereitstellen. Gibt's alles im Supermarkt – noch besser: Mutter losschicken nach dem Prinzenmotto: »Du mußt ein Schwein sein.« Die Champis in kleine Scheiben schneiden – oder die geschnittenen Dosenpilze abtropfen lassen – und in Butter andünsten. Salzen und mit Zitrone abschmecken. Den Spargel schälen und in Salzwasser bißfest kochen (10–15 Minuten); Profis fügen eine Prise Zucker hinzu. Anschließend Spargel in mundgerechte Stücke schneiden. Aus Hackfleisch, Ei,

Semmelbröseln, Salz und Pfeffer eine »geschmeidige« (eins von Jens' Lieblingswörtern) Masse herstellen und kleine Klöße formen. Die Klöße in einem Teil der Brühe kochen.

Auf zum Endspurt: Aus 50 g Mehl und 50 g Butter bereitet Ihr eine Mehlschwitze (stöhn, schwitz), die dann mit der Hühnerbrühe abgelöscht wird – feuerwehrliche Hilfe ist nicht erforderlich. Diese Soße muß ziemlich dick sein; schön rühren, damit sich keine Klümpchen bilden! Dann Sahne, Eigelb, die Kapern und ein Glas Wein dazu (mit dem Restalkohol könnt Ihr Euch das Kochen verschönern oder die Gäste bewirten). Fleisch, Klößchen, Pilze und Spargel hinterher, alles mit Salz abschmecken. Das Frikassee schmeckt hervorragend zu Reis, Nudeln oder Kartoffeln.

Schlupfkuchen

Rezept zu »Vergammelte Speisen«: »Ein völlig verdrecktes Törtchen ... wem schmeckt es?«
(von der CD KÜSSEN VERBOTEN)

Wohl keinem. Und darum hier ein phänomenal einfaches Rezept für leckeren Kuchen – mit dem Titel »Schlupfkuchen«. Schlupfen wir also in die Küche und fangen an mit 1 kg Äpfel (fest und sauer), das geschält und in Stücke geschnitten werden muß. Dazu 3 Eier mit einer nicht ganz gefüllten Tasse Zucker schaumig schlagen (oder auf Eure 200 Watt starken Lautsprecher stellen, »Hose runter« auflegen und den Verstärker aufdrehen – das ist der gleiche Effekt). Den Eierschaum mit 1 Tasse Mehl und 1 Teelöffel Backpulver vorsichtig vermischen. Dann 6 Eßlöffel Speiseöl schnell unterschlagen. Diese Masse in eine gefettete Springform füllen, alle Apfelstücke darauf verteilen. Der Kuchenteig muß von ihnen komplett bedeckt sein. Vanillezucker drauf und 45 Minuten bei mittlerer Hitze in den Backofen. Fertig? Fast. Den warmen Kuchen mit zerlassener Butter bestreichen und mit Zucker bestreuen.

Pilz-Risotto

Rezept zu »Vergammelte Speisen«: »... verschimmelte Pilze, ich frag' mich, wer will se?«
(von der CD KÜSSEN VERBOTEN)

Schimmelpilze sind nicht nur der Feind jeder Hausfrau, sondern auch der Magengrube – ruck, zuck hängen Wohlbefinden und Haussegen schief. Das läßt sich vermeiden mit »Risotto con Funghi« (für 3 Personen).

Am besten sind frische Steinpilze, die sind aber relativ teuer und nicht immer zu bekommen. 500 g frische Champignons und 20 g getrocknete Steinpilze (für den Geschmack) sind eine gute Alternative. Die Steinpilze in 1/4 Liter warmem Wasser einweichen. 4–5 Prinzenlieder hören. Pilzwasser durch eine Kaffeefiltertüte gießen und aufheben (selbst, wenn es nicht runtergefallen ist). Einen großen Topf mit 40 g Butter erhitzen. 1 kleingehackte Zwiebel glasig dünsten, dann 400 g italienischen Rundkornreis dazugeben und ordentlich rühren. Kleingeschnittene Steinpilze plus Pilzwasser plus 1/4 Liter heiße Brühe dazu, rühren und einkochen lassen. Dann wieder Brühe nachfüllen. Brühe und Pilzwasser sollten etwa 3/4 Liter ergeben. Während der Reis köchelt, die Champignons putzen und in Scheiben schneiden. In 3 Eßlöffeln Olivenöl diese Pilze mit Salz und Pfeffer anbraten. Die Champis unter den Reis mischen. Ist der noch zu fest, etwas Brühe nachfüllen. Salzen und Pfeffern nicht vergessen, eine Spur Muskat ist auch klasse. Parmesankäse darüberhobeln – buon Appetito!

Kaffeetrinken ist nicht gleich Kaffeetrinken

Anmerkungen zu »Schaurig/Traurig«: »Mein Kaffee ist kalt, die Schokolade ist alle.« und »Entspann Dich«: »… stürz' den Kaffee in mich rein, müßte längst woanders sein …«
(von den CDs KÜSSEN VERBOTEN *und* SCHWEINE*)*

Die musikalischen Hoheiten zieht es immer wieder an die Kaffeetasse wie die Mücken ans Licht. Ob im Studio, im Backstage-Bereich, zu Hause oder im Tourbus: »Een Scheelchen Heeßen«, wie es bei den Kaffee-Sachsen heißt, muß bereit stehen. Gerade wegen dieses Spitznamens der östlichen Freistaatler meinen Uninformierte, die Kaffeebohne stamme aus Sachsen – nicht die Bohne! Der koffeinhaltige Muntermacher kam zwischen dem 13. und 15. Jahrhundert aus Äthiopien nach Saudi-Arabien und (durch Pilger) vermutlich über Mekka in die gesamte islamische Welt, im 16. Jahrhundert auch nach Europa. Bis ins 19. Jahrhundert blieb er ein Luxusartikel.

Allerdings ist der Kaffeeausschank in Leipzig urkundlich schon für 1711 nachweisbar: im Kaffeebaum, dem ältesten erhaltenen Kaffeehaus der Stadt. Wie sagt der Sachse? »Heeß und siesse muß dor Bohngaffee sein.« Unsere Pop-Mäjestäten lieben ihn aber weniger süß, nur schwarz oder mit Sahne. Dazu mögen sie »E Stickl Kuchn« zum »neididschn«(*). Am besten natürlich original Leipziger Lerchen, Dresdner Stollen, Kartoffelkuchen oder Eierschecke.

Deshalb für alle Süßmäuler unter Euch nun das Rezept für einen echten

Sächsischen Kartoffelkuchen

Dazu benötigen wir die berühmte Springform (am besten regungslos) und 300 g kalte Pell-Ka's., 200 g Mehl, 1 Päckchen Backpulver, 2 Eier, 40 g Margarine (ein Sechstel einer normalen Margarine-Packung). Ferner 130 g Zucker, 30 g Rosinen, 30 g gehackte Mandeln, 1/2 Teelöffel Zimt und 1 große Prise Salz.

Die Springform fetten. Kartoffeln reiben und mit den anderen Zutaten vermischen. Achtung: Eier ausnahmsweise ohne Schalen verwenden (der Kuchen darf nicht zu knusprig werden)! Teig in die Form füllen und im 170 °C heißen Backofen 1 Stunde ausruhen lassen. Den Kuchen mit zerlassener Butter bepinseln und Zucker drüber.

(*) reintunken

Ein historischer Blick auf die Teller früherer »Prinzen«

Mit lautem Krachen saust die Faust von August dem Starken auf die Tischplatte, das Geschirr bebt vor Angst und Erschütterung. Der Kurfürst von Sachsen ist höchst ungehalten: Dieser verdammte Döner treibt ihn langsam zum Wahnsinn! Schon wieder quillt die dünne Zaziki-Soße aus dem Fladenbrot in die Mulde zwischen Daumen und Zeigefinger! Erneut flutscht beim Biß ins brotumhüllte Fleisch ein Stückchen Pepperoni in den Ärmel seines Umhangs, bis hinunter zum Ellbogen, pfui! Ein Fetzen Krautsalat klebt an seinem Kinn … Neben dem Fürsten kämpft sich Julius Cäsar wütend durch einen Berg aus Spaghetti Bolognese, frisch aus der Mikrowelle. Die langen, dünnen Teigdinger verselbständigen sich und ergreifen die Flucht von seiner Gabel. Der römische Kaiser besabbert sich mit bröckeliger Fleischsoße, die bis zu seinem Lorbeerkranz hochspritzt! Zum Teufel mit dem Zeug!

Natürlich: Bei dieser Schilderung handelt es sich um ausgemachten Blödsinn. Weder der agile August noch der zähe Cäsar bekamen es zu ihren jeweiligen Lebzeiten mit solchen Speisen zu tun. Was die heutigen Pop-Prinzen aus Leipzig mit verzückter Miene in sich hineinschlingen, hätte den Herrschern von früher möglicherweise auch gar nicht gemundet. Ihre Küchenmeister wären sicher öffentlich geteert und gefedert worden, im tiefsten Kerker gelandet

oder gar den Krokodilen zum Fraß vorgeworfen worden. Bei den Vorfahren von Jens, Henri, Tobias, Sebastian und Wolfgang ging's kulinarisch eben ganz anders zu.

Die Römer hielten es vor allem mit Fleisch und freuten sich, wenn sie Obelix ein frisch erlegtes Wildschwein aus den Wäldern Galliens abluchsen konnten. Ein römischer Feldherr übrigens lieferte die Vorlage für den heute gängigen Begriff »lukullisches Mahl«: Lucius Licinius Lucullus (etwa 117 bis etwa 57 v. Chr.) war berüchtigt für seine extrem luxuriöse Lebensführung.

Die vier besten Dinge, die an einem römischen Schmaus gerühmt wurden, bestanden laut Überlieferung allerdings aus dem Drumherum, nämlich gut gelaunten Tischgenossen, einem bequemen Ort, der wohl auserwählten Zeit und einer ordentlichen Zubereitung. Weine aus Griechenland, Sizilien und Italien suchte man pikanter und aromatischer zu machen. Man goß sie über Blumen, Gewürze und sogar Arzneien verschiedener Art. Laut Überlieferung damaliger Schriftsteller mußte alles im Mund brennen und den Magen heftig reizen. Aus Afrika kamen Perlhühner und Trüffel, Kaninchen aus Spanien, Fasane aus Griechenland und Pfauen aus dem fernen Asien. Fische aus ferneren Gegenden wurden in mit Honig gefüllten Gefäßen geliefert.

Cäsar (100–44 v. Chr.) mochte weder viel Gelaber noch allzu stille Gäste. Vielleicht waren seinen Tischgenossen diese Marotten zu nervig – der wahre Grund dafür, daß man ihn ins Jenseits beförderte?

Einer späterer Nachfolger, Kaiser Marcus Aurelius Antoninus Heliogabalus (204–222 n. Chr.) schmauste selten bil-

lig. Zigtausend Reichsttaler gingen bei seinen großen Banketts drauf; bis zu 6 000 Straußenköpfe ließ er auffahren; deren Gehirne galten nämlich als Köstlichkeit und zeugten nicht etwa von perverser Geschmacksverirrung. Ein bißchen durchgeknallt schien Heliogabalus, von seinen Busenfreunden kurz Gabi genannt, trotzdem zu sein: Bei Kurzurlauben an der See verschmähte er jegliche Art von Fisch – aber kaum rauschte das Meer wieder Hunderte von Kilometern entfernt, mußte die ganze Tafel von Meerestieren bedeckt sein. Immerhin schlüpfte er ab und zu in Spendierhosen und kredenzte den Bauern kostbarste Muränenmilch und leckere Hechtleber. Manchmal ließ er Lahmen, Blinden und Kahlköpfigen Fasane oder Hühnchen vorsetzen und machte sich gleichzeitig einen Jux daraus, vornehmen Leuten weniger noble Kost aufzutischen. Heliogabalus pflegte übrigens auf seinen Parties eine makabre Form der Unterhaltung: Er ließ einen lebensgroßen Stier aus Eisen herstellen, der eine von außen verschließbare Öffnung an der Seite hatte. Ein menschliches Wesen mußte sich hineinquetschen. Durch das Maul des Viechs konnte man die Geräusche, die das arme Würstchen von sich gab, vernehmen. Im Verlauf der Fete mit hübschen Mädels, willigen Jungs und vielen Speisen wurde ein Feuer unter dem eisigen Vierbeiner entfacht. Das muß stierisch weh getan haben!

Im Mittelalter hätte sich das heute regierende Prinzen-Quintett kaum wohl gefühlt. Tobias wäre nicht in den Genuß seiner heißgeliebten Kartoffel gekommen, denn die tauchte erst 1533 in Europa auf und spielte vor dem 19. Jahrhundert keine Rolle in hiesigen Küchen. Auch unser

Zucker stand den Monarchen von damals nicht zur Verfügung. Allerdings konnte ein gut betuchter Prinz auf den braunen orientalischen Rohrzucker zurückgreifen. Salz war damals eine ebensolche Rarität und am besten aufzutreiben, wenn genug Taler in der Schatulle lagen. Im Mittelalter kam es noch aus dem Ausland, die sogenannten Salzstraßen zeugen noch heute von den einstigen Handelswegen. Die ältesten führten von Hallstadt zur Adria, ans Schwarze Meer, an die Nordsee und nach Frankreich. Als Ersatz nahm man damals gelegentlich Pfeffer (und wunderte sich dann über würzige Tränen, die in die Augenwinkel traten). Auch auf Kaffee, Kakao und Tee hätten unsere Prinzen seinerzeit verzichten müssen. Doch mit Sicherheit hätten sie 'ne Menge Spaß am Minnesang gehabt

und so mancher Holden bei Mondschein ein A-cappella-Ständchen unterm Fenster gehalten …

Kaum zu glauben, aber das Erfolgsgeheimnis der fantastischen Fünf wurzelt nicht nur in den durchtrainierten Stimmbändern durch die Thomaner- oder Kreuzschule, sondern auch in den uralten Eßgewohnheiten der Sachsen. Johannes Bohemus schreibt zu Beginn des 16. Jahrhunderts, daß Arbeitende bis zu viermal am Tag aßen. Die Kinder wurden nicht mit Brei aus Mehl und Milch genährt, sondern mit festerer Kost, die erst das Mütterchen vorkaute und dann in die Knirps-Mündchen steckte. Bohemus: »Daher werden auch die Sachsen, an solche Speisen in zarter Jugend gewöhnt, zäher und stärker als andere.« Da haben wir's!

Jahrhunderte hindurch bildete ein musartiger, brotähnlicher Brei das Hauptnahrungsmittel und war wesentlich beliebter als die Kartoffel. Mit Recht zitiert unser Gewährsmann einen gewissen Dichterkollegen namens Maurizio, der da fragte:

»Was hilft's dem Stöffel?
Denn regnet's Brei,
Fehlt ihm der Löffel.«

Tauchen wir nun ein in die Kochtöpfe zu Zeiten Ludwigs XIV. (1638–1715). Bei gesellschaftlichen Ereignissen stand die Pracht der Tafelaufsätze im Rang einer neuen bedeutenden Kunst, in gleichem Maß wie Malerei und Bildhauerei. Bei den kleinen königlichen Mahlzeiten im Saal der Günstlinge, bei feinen Nachtessen von Kurtisanen und Finanzleuten entwickelten die Kochkünstler ihr höchstes Wissen und versuchten sich gegenseitig zu übertreffen.

Die Namen der berühmtesten Köche wurden gegen Ende dieser Zeit mit denen ihrer Herren genannt.

Für Ludwig XIV. brachte man aus der Levante die Mistel, die man »die gute Birne« taufte, und zauberte beste Liköre daraus. War das etwa der Grund, warum der genußfreudige Sonnenkönig Frankreich fast an den Staatsbankrott führte?

Sehr sympathisch dürfte Tobias, Sebastian & Co. Ludwigs Zeitgenosse Prinz Eugen von Savoyen (1663–1736) sein. Zum einen, weil er wie die Fünf vom absoluten Nobody zum gefragten Mann aufstieg, zum anderen wegen seiner Eßkultur. Besonders scharf auf repräsentative Anlässe in dekadent-protzigem Rahmen war Eugen nämlich nicht. Bei Hof erschien er nur ausnahmsweise. Das Zeremoniell nötigte ihn zu Unbequemlichkeiten, die er verabscheute. Die prunkschwangeren Geselligkeiten liefen für ihn immer gleich ab und langweilten ihn. Auch unsere Prinzen lieben's ja locker und ungezwungen statt aufgeblasen und steif-betulich. Eugen jedenfalls ließ sich oft bei Hof entschuldigen. (Ganz nebenbei machte ihm das Wiener Klima zu schaffen, schnell litt er unter Hustenanfällen, und so bevorzugte er die heimischen Gemächer.) Manchmal empfing der Prinz natürlich auch Gäste, meist Diplomaten oder bewährte Offiziere, von denen er erfahren konnte, was nicht in den dienstlichen Meldungen stand. Logisch, daß auch da mächtig geschmaust wurde, und allerlei exquisite Leckereien auf die Tafel kamen, die Tische bogen sich unter der Last von Speisen und Getränken. Der als Feinschmecker bekannte englische Gesandte George Stepney erklärte die Küche des Savoyers für die beste in ganz Wien. Eugen selbst ließ stets einige Gerichte aus, vor allem die schwerverdaulichen. Wenn er allein aß, begnügte er sich mit einer Suppe, einem Fleischgericht, etwas Käse und Obst. Dazu trank er leichten Wein, Champagner genehmigte er sich nur bei besonderen Anlässen. Ein wirklich bescheidener Prinz also, ganz wie die heutigen Pop-Thron-Besetzer. Eugen kippte sich übrigens selten mal einen hinter die Binde; das im barocken Wien übliche Zechen bis zum Umfallen war ihm zuwider. So verurteilte er die ausschweifende Lebensweise von Kaiser Joseph (1678–1711), der sich nächtelang dem Wein und den Frauen hingab.

Nicht vergessen wollen wir natürlich eine weitere Berühmtheit dieser Epoche: August der Starke, einst Kurfürst von Sachsen und König von Polen (1670 – 1733). Mit dem Herrscher verbindet man heute eine grenzenlose Bauwut, die schließlich die sächsischen Finanzen ruinierte – man denke nur an den Dresdner Zwinger, sein Lieblingsschloß Moritzburg, die Schloßanlagen Pillnitz, Großsedlitz oder Übigau. Hingegen weiß kaum jemand, daß sich August auch für den Karneval in seinem Land stark machte. Während Augusts Herrschaft fanden die ersten Karnevalsfestlichkeiten im Februar 1695 statt. Beim närrischen Treiben ging's unverkrampfter zu als bei anderen Hoffesten, verbunden mit üppigen Festmählern. Gerade bei diesen Parties schleppte der König Polens zahlreiche Mätressen ab. Was das Essen angeht, schuf sich der Kurfürst mit großen Festen einen Namen, die während der Manöver stiegen. Außer Feuerwerk, Theater und Ballett gehörten auserlesene Speisen an riesigen Tafeln dazu – und besonders der inzwi-

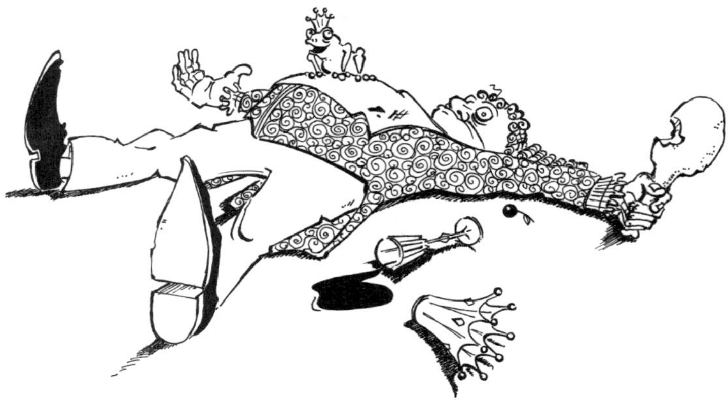

schen legendäre »Riesenstollen«. Für den verarbeiteten Dresdener Bäcker über 20 Zentner Mehl, 326 Kannen Milch und über 3 600 Eier. Acht Pferde zogen das leckere Ungetüm in Ketten aus einem extra dafür gebauten Backofen ins Lager, wo er dann mit einem säbelartigen Riesenmesser geschnitten und ausgeteilt wurde.

So verschieden also waren die hochherrschaftlichen (Mahl-)Zeiten. Und die aktuellen Monarchen? Da im britischen Königreich der Haussegen seit Jahren schief hängt, bilden sich immer mehr und immer kleinere Menü-Grüppchen: Queen Elisabeth ißt nicht mehr mit der abtrünnigen undankbaren Lady Di, Lady Di verzichtet auf Magenschmäuschen mit Exgatten Charles, Fergy und Prinz

Andrew sitzen kaum noch an einem Tisch. Schrecklich, schrecklich!

Ungebremsten Spaß beim Tafeln haben jedenfalls die Prinzen des Pop – mitunter auch an triefend-fettigen Dönern und herumflutschenden Spaghetti aus der Mikrowelle.

Dresdner Stolle

Vorweg bemerkt: Das *Rezept für die Dresdner Stolle gibt es nicht. Jeder sächsische Konditormeister, der etwas auf sich hält, hütet sein eigenes Geheimrezept.*

Die Zutaten für 2 leckere Stollen:

1 kg Mehl, 500 g Rosinen, 1/2 Liter Milch, 250 g Zucker, 2 Päckchen Vanillezucker, Zitronenaroma, 120 g Hefe, 400 g Zitronat, 2 Stücke Butter à 250 g, 350 g süße Mandeln und 50 g bittere Mandeln (jeweils gehackt oder geraspelt), 1/8 Liter Rum, Salz.

Zum Bestreichen der Stollen braucht Ihr 150 g Butter, 200 g Puderzucker, 2 Päckchen Vanillezucker, 5 Eßlöffel Zucker.

Die gewaschenen Rosinen werden am Vorabend mit dem Rum eingeweicht. Die Hefe mit 1/8 Liter warmer Milch verrühren und mit dem Mehl zu einem Teig verarbeiten. Dieser Teig muß 20 Minuten an einem warmen Ort gehen (bei völligem Stillstand natürlich). Dann 1 Stück weiche Butter und alle Zutaten außer den Rosinen kräftig unterkneten. Erst dann das zweite Stück Butter und die Rosinen unterkneten. Ist der Teig zu trocken, müßt Ihr etwas Milch zugießen. Wieder alles 20 bis 30 Minuten gehen lassen. Danach alles kräftig und sorgfältig durchkneten. 2 Stollen formen, auf einem gefetteten Backblech 30 Minuten gehenlassen und bei Mittelhitze backen.

Die abgekühlten Stollen mit zerlassener Butter einstreichen, mit Zucker und Vanillezucker bestreuen. Wieder mit Butter beträufeln und dick mit Puderzucker bestreu-

en. Am besten schmeckt Stollen, wenn er zwei Wochen vor dem Verzehr bereitet wird. Vor Weihnachten also am zweiten Advent!

Und hier ein Schmaus aus mittelalterlichen Zeiten:

Schweinskopf, aus dem die Flammen schlagen

Die überlieferte Anweisung: »Koch einen Wildschweinskopf. Wenn er gar ist, ritze seine Haut an der Oberfläche würfelig ein und bestreue ihn vollständig mit Ingwer. Dann nimm eine Schüssel voll Branntwein, gieß einen Teil davon außen über den Kopf, den Rest in den Hals, puste aber, damit er nicht wieder herausläuft. Nimm ein Stück hartes Brot, so groß wie eine Nuß, und einen glühenden Kiesel, so groß wie eine Haselnuß, tue ihn auf das Brot und lege beides in den Branntwein, der von dem glühenden Stein entflammt wird. Dies ist unschädlich und schmeckt gut. So kannst du auch den Kopf eines Hausschweins zubereiten.«

Kleiner Tip: Vielleicht hilft's, wenn Ihr beim Zubereiten und Essen in eine Ritterrüstung aus dem Kostümverleih steigt?!

Nachwort

– Wir schreiben das Jahr 3057, Sternzeit x-y-z. Die *Enterprise* treibt durch die unendlichen Weiten des Weltalls. Die Crew hat es sich in der historischen Bibliothek des Raumschiffs gemütlich gemacht. Captain Kirk, Pille, Mr. Spock und Scotty scharen sich ungläubig um ein Buch anno 1997: »Alles mit'm Mund« heißt das vielseitige Ding. »Kochen – diese lächerliche Zeitverschwendung aus längst vergangenen Tagen«, meint Pille geringschätzend. »Und die Zutaten sind absolut gesundheitsschädlich«, ergänzt Scotty. »Nun mal langsam, Jungs«, wirft Kirk ein, »wir starten mal ein Testprogramm. Befehl an Replikator: Viermal Eisbein mit Sauerkraut und weißen Klößen.« Zack! Vier Portionen ko(s)mischen Ausmaßes erscheinen vor den Augen der Mannschaft. Spock mümmelt an einem Stück Fleisch, zieht die Augenbrauen in die Höhe und bemerkt erstaunt: »Faszinierend!«

Anhang

Quellenangaben

- Leipzig - Ein Städtelesebuch (insel taschenbuch)
- Karl Czok: Am Hofe Augusts des Starken (Edition Leipzig)
- Georg Piltz: Prinz Eugen von Savoyen (Verlag Neues Leben Berlin)
- Die Lêre von der Kocherie (insel verlag leipzig, 1980)
- Von Apfelkartoffeln bis Zwiebelkuchen (VEB Fachbuchverlag, Leipzig 1982)
- Sächsisch Kochen (Gräfe und Unzer Küchenratgeber, Verlag GmbH, München 1995)
- Physiologie des Geschmacks von J.A. Brillat Savarin (Koehler und Amelang, Leipzig 1983)
- Ein Leib- und Magenbuch von Ursula Winnington (Verlag für die Frau, DDR, Leipzig 1981)
- Poeten tischen auf (Eulenspiegel-Verlag, Berlin 1980)
- Von der Recke/Wolter: Unser Kochbuch No. 1 (Gräfe und Unzer, 1984)
- Mecklenburgisches Kochbuch von Frieda Ritzerow (photomechanischer Nachdruck der Ausgabe von 1868, VEB Hinstorff Verlag, Rostock 1981)

Bildnachweise s/w Abbildungen

S. 13, 24, 57 (© J. Retiet)
S. 32, 68, 72, 83, 103 (© C. Rackow)
S. 41, 49 (© Künzel)
S. 78, 111 (© Daniel)
S. 107 (© Zetzmann)
S. 117 (© PUBLIC ADDRESS)

Alphabetisches Verzeichnis der Prinzen-Rezepte

ECON POP TOP

Jörg Freiburger
Pur
Ganz normale Superstars
160 Seiten, 1 Farbtafel
TB 12002

Ihre Songs begeistern Millionen, ihre Konzerte sind bereits Monate zuvor ausverkauft. Mit ihren romantischen Rockballaden haben die Jungs aus der schwäbischen Provinz bewiesen, daß deutsche Texte nicht banal sein müssen. Und der einzigartige Aufstieg von PUR spricht für sich. Mit *Abenteuerland* schaffte die Band auf Anhieb Platz eins der Charts.
Jörg Freiburger hat Hartmut, Ingo, Roland, Joe und Rudi nicht nur auf ihrer Tour begleitet, er erzählt auch die Geschichte der fünf Freunde, die als Schülerband begannen, den Starhimmel erklommen und sich dabei immer treu blieben.
Mit Autogrammkarte und zahlreichen Abbildungen.

Andrea Müller
Die Toten Hosen
Punkrock made in Germany
144 Seiten, 1 Farbtafel
TB 12006

»Punk« war längst tot, als fünf Düsseldorfer ausgerechnet eine Punkband gründeten: Die Toten Hosen. Doch sie haben überlebt - und nicht nur das. Seit 14 Jahren genießen sie und ihre Songs Kultstatus. Über vier Millionen verkaufter Platten und CDs, ausverkaufte Tourneen – die »Hosen« sind in.
Müller erzählt, was hinter dem Erfolg der deutschen Vorzeigepunks steckt.

ECON TASCHENBÜCHER ECON